POÉSIES.

PARIS. — IMPRIMERIE ET FONDERIE DE G. DOYEN,
RUE SAINT-JACQUES, N. 38.

POÉSIES
DE
CHARLES NODIER

RECUEILLIES ET PUBLIÉES
PAR N. DELANGLE.

𝔇𝔢𝔲𝔵𝔦è𝔪𝔢 é𝔡𝔦𝔱𝔦𝔬𝔫.

PARIS.
DELANGLE FRÈRES,
ÉDITEURS-LIBRAIRES,
RUE DU BATTOIR-SAINT-ANDRÉ-DES-ARCS, N. 19.

M DCCC XXIX.

AVERTISSEMENT

DE

L'ÉDITEUR.

Le recueil que nous offrons au public n'avoit jamais paru. La plupart des pièces qui le composent sont même entièrement nouvelles, et nous ne les avons pas réunies sans peine, car l'auteur n'en avoit conservé aucune. Nous croyons répondre à un désir souvent exprimé en rassemblant ces morceaux épars qui formeront un complément nécessaire aux ouvrages de M. Charles Nodier, et dont quelques-uns appartiennent, par leur sujet et par les événements auxquels ils sont liés, à l'histoire contemporaine. Une entreprise aussi naturelle que celle-ci pourroit sans doute se passer de cet éclaircissement, mais nous le devons à la timidité ombrageuse de l'auteur qui ne reconnoît de ses titres littéraires qu'un petit nombre d'études philologiques sur les livres et sur les langues, et qui seroit désolé d'avouer les prétentions du poète, à une époque où notre école littéraire brille de tant de jeunes talents dont il a chéri les succès et dont il désespéreroit de soutenir la concurrence.

Un heureux hasard nous a servis dans la distribution de ces poésies, dont il faut dire quelque chose. Elles se rapportent à trois périodes diverses de la vie de M. Nodier, et elles se classent d'elles-mêmes en trois genres différents, qui nous ont fourni trois livres.

Le premier est intitulé, *Pièces lyriques*, titre sans doute un peu ambitieux, mais qui ne tire pas ici à conséquence. Il ne contient que des pièces écrites avant que l'auteur soit parvenu à sa vingtième année. Ce sont celles-là certainement qui ont le plus grand besoin de l'indulgence du lecteur; mais ce sont précisément celles qui offrent, par leur objet ou les événements qu'elles rappellent, l'intérêt le plus piquant, et nous n'avions pas le droit de les repousser. Essais d'une muse d'enfant qui promettoit toutefois un talent qu'il nous est défendu d'apprécier, elles ont au moins le singulier mérite de présenter les premières tentatives d'une école que M. Nodier a devinée en vers comme en prose, et dans laquelle ses travaux ont laissé quelques traces.

La pièce capitale du premier livre est

cette *Napoléone* qui a valu à M. Nodier de longues persécutions, et qui auroit jeté un tout autre éclat au commencement de la restauration, si le hasard l'avoit fait tomber de la plume d'un homme habile à exploiter ses malheurs. C'est la première fois que cette ode paroît du consentement de l'auteur, qui en a même retiré à ses frais deux éditions, non qu'elle contienne rien qui puisse lui inspirer le regret de l'avoir écrite, mais parce qu'il lui répugnoit d'entrer en hostilité contre une auguste infortune, quand cette hostilité gratuite ne prouvoit plus que la basse rancune d'une petite ame, irritée par quelques violences. Cette pièce est ici conforme à la première copie du poète qu'une suite de circonstances assez extraordinaires a ramenée entre nos mains. Elle présente une particularité plus remarquable que le mérite poétique qui la fit attribuer dans le temps à Le Brun, à Ducis, à Ginguené; plus remarquable que la bienséance même de cette attaque généreuse, qui ne s'adressoit qu'au tyran et qui respectoit le grand homme; que l'expression noble et presque mesurée de cette indignation, qu'un reste d'admiration et d'amour modéroit encore : c'étoit l'alliance toute prématurée des souvenirs de l'ancien ordre et des besoins de l'ordre nouveau, de la haine de la révolution et de la passion de la liberté, à une époque où cette fusion du passé et de l'avenir n'avoit été pressentie par personne. Il est évident que la *Napoléone* dut sa popularité à cette combinaison d'idées qui froissoit deux partis, mais qui s'adressoit avec une certaine puissance à la raison universelle.

Un jeune homme, qui joignoit le génie de la composition à celui de la colère, avoit composé sur la *Napoléone* une très-belle musique. Cette ode courut la France, elle passa les mers, et, dans le court intervalle de la paix d'Amiens, elle fut imprimée à Londres dans le journal très-offensif d'un réfugié, nommé Peltier, qui avoit eu part à la rédaction des *Actes des Apôtres*. A la même époque avoient circulé en France deux pièces de vers du même genre; mais elles n'étoient pas sorties, si l'on peut s'exprimer ainsi, de l'intimité d'une faction, parce qu'elles étoient exclusivement écrites dans ses vues; la première étoit intitulée, *Ode sur le dix-huit brumaire :* dans l'abondance élégamment prolixe de ses innombrables strophes, il étoit impossible de méconnoître la facilité toujours harmonieuse, et quelquefois éloquente de Chénier; la seconde, la *Napoléonide :* il fut prouvé dans les débats dont nous allons parler qu'elle étoit de Carnot, qui faisoit sans efforts, à ses moments perdus, des vers purs et médiocres. Peltier avoit également imprimé ces deux pièces, où l'offense à un souverain étranger, avec lequel l'Angleterre venoit de conclure la paix, parut généralement flagrante et odieuse. Le journaliste fut déféré aux tribunaux ; et nous rapportons cette anecdote, parce qu'elle rappelle un des triomphes les plus éclatants de l'éloquence, et une des consécrations les plus solennelles de la liberté de la presse, si précieuse à la société actuelle. Peltier fut acquitté, sur l'admirable défense de sir James Mackintosh. Ce qui est à remarquer c'est que le ministère public d'Angleterre n'incrimina point la *Napoléone* de M. Nodier, mais la *Napoléonide* de Carnot, qui n'en étoit réellement qu'une parodie en langage de 1793, comme le dit l'orateur. La *Napoléone* ne fut pas considérée comme un libelle, dans les termes de l'accusation, et elle ne pouvoit pas être prise dans cette acception, puisqu'elle présentoit, à côté d'une menace purement morale, tous les sentiments du plus ardent enthousiasme. En France, ce fut tout autre chose : une provocation en faveur des jacobins effrayoit peu un gouvernement qui étoit assuré contre eux de l'opposition de la nation. Le chant de regret, exhalé entre le tombeau de Louis XVI et celui de la liberté, par un jeune homme énergique, qui en appeloit à toutes les affections contre les envahissements de la tyrannie, étoit plus propre à inquiéter le pouvoir, si quelque chose avoit pu l'inquiéter dès-lors. Chénier et Carnot, si clairement désignés, se retranchèrent sous une dénégation pure et simple; l'auteur seul de la *Napoléone*, que Londres avoit *innocentée*, fut poursuivi à Paris, et ne dut long-temps qu'à son obscurité d'échapper aux recherches infatigables de la police. Mais beaucoup de noms étoient compromis, beaucoup de personnes menacées, plusieurs furent jetées dans les prisons. L'auteur de la *Napoléone* comprit les funestes conséquences de ces vers étourdis, et il sentit la nécessité de les subir. Il écrivit directement à l'autorité supérieure pour demander la mise en liberté des personnes en prévention, et se désigner lui-même. Son attente fut remplie : on l'arrêta, et, dans la semaine qui suivit son arrestation, tous les détenus pour le même fait furent mis en liberté.

On a dit dans le temps que la lettre de M. Charles Nodier étoit parvenue à Napoléon. On pourroit le croire aux ménagements dont il fut l'objet pendant sa captivité [1]. Elle ne fut pas rigoureuse et ne dura que peu de mois. Elle auroit même à peine influé sur sa vie, si les pouvoirs subalternes de l'époque, plus rancuneux que l'autorité souveraine, comme cela arrive toujours; si la police, attentive à toutes les actions et, pour ainsi dire, à toutes les pensées du jeune poète qu'on avoit livré à sa surveillance, ne s'étoit emparée avec une obstination étrange de ses démarches les plus innocentes pour en faire des conspirations. Après deux mois de liberté, il fut poursuivi de nouveau, et ne dut qu'en 1808, aux bontés de M. le baron De Bry,

[1] Napoléon s'est du moins souvenu à Sainte-Hélène de l'auteur de la *Napoléone*. Il y a demandé tous ses ouvrages, et il existe un exemplaire de *Sbogar* annoté de sa main. Voyez les *Mémoires de Sainte-Hélène*, et *la Renommée*, du dimanche 17 octobre 1819.

préfet du Doubs, un repos qu'il avoit mérité par la régularité de sa conduite et la gravité de ses études. C'est M. Nodier qui exige que nous rappelions ici cette circonstance ; mais nous croyons devoir rappeler en même temps que M. Nodier avoit déjà payé un tribut de sa reconnoissance à M. le baron De Bry, dans sa brochure des *Exilés*, publiée en 1817, et qui, toute monarchique qu'elle fut, a été supprimée à l'égal des pamphlets les plus séditieux.

La plupart des pièces qui composent le premier livre ont donc été composées dans les prisons. Elles portent nécessairement l'empreinte d'une exaltation peut-être déréglée, mais qui a quelque chose de touchant dans un jeune homme si malheureux, surtout dans un temps où les malheurs du prisonnier manquoient de toutes les compensations d'intérêt ou de pitié que leur assure aujourd'hui la publicité [1]. Nous avons cru qu'on nous sauroit mauvais gré de les éloigner de ce recueil. Certaines ont déjà paru aux différentes époques de la captivité de M. Nodier, soit dans les *Essais d'un jeune Barde*, publiés par M. Armand Ragueneau, soit dans les *Tristes*, publiés par M. Demonville. Ces deux jeunes gens, liés à M. Nodier par une étroite intimité, et dépositaires de ces petites compositions qu'il avoit soustraites à la saisie de ses papiers, eurent l'idée bienveillante de les imprimer au bénéfice de leur ami prisonnier, et c'est l'excuse de

---

[1] Quoiqu'un des premiers magistrats de son département, le père de M. Nodier ne dut que, long-temps après l'arrestation de son fils, à l'intercession d'une femme pleine de bonté comme de grâces, Mme la comtesse Regnauld de Saint-Jean-d'Angély, la connoissance de la prison où il étoit détenu.

ces deux publications prématurées qui sont devenues fort rares. Ajouterons-nous qu'il y avoit alors quelque chose de courageux dans ces publications officieuses ? On le comprendroit difficilement, et cependant nous en avons acquis la preuve, qu'il seroit fort inutile de rapporter ici. Nous citons cette anecdote comme honorable à deux personnes, et même à trois; car il est rare d'avoir de tels amis quand on ne sait pas les mériter.

Dans ce temps-là, nous devons le répéter, une infortune attirée par l'expression d'un sentiment libéral, et d'un dévouement patriotique, n'auroit pas trouvé un seul avocat dans les journaux. Nous dirons plus : le public l'auroit repoussée, et cela s'explique jusqu'à un certain point. Nous sortions des orages de la révolution, nous avions vu la dernière année du siècle renouveler les menaces de la terreur. Royalistes et jacobins avoient encore toute la vigueur d'une puissante jeunesse, et l'homme qui levoit un drapeau entre ces partis adultes, comme pour ranimer la guerre civile, faisoit peur à tout le monde. Cela n'étoit que juste. Ces résultats n'entroient certainement pas dans la pensée de M. Nodier; mais c'est ainsi qu'on auroit jugé son malheur, et ses petits volumes ne furent pas placés, tant s'en faut, sous la recommandation de cet intérêt si affectueux, et quelquefois si passionné, qui s'attache depuis quelques années à toutes les oppositions. Il y avoit bien quelque mérite à être, à dix-neuf ans, en présence de l'autorité naissante de Bonaparte, le dernier des républicains modérés ou des royalistes constitutionnels, mais ces considérations n'entroient pas alors en compte dans un jugement littéraire, et les jugements littéraires n'en valoient que mieux. Trois vers seulement d'une ode dirigée contre l'Angleterre, à l'occasion du renouvellement de la guerre, manifestent, dans les *Essais d'un jeune Barde,* la position de l'auteur :

> Ainsi le favori des vierges d'Aonie,
> Le Tasse aux loisirs du génie
> Dédioit sa captivité.

Le critique plein d'esprit et de goût qui jugea les *Essais d'un jeune Barde* ne put voir là qu'une énigme sans mot, et il fut sévère. Cet article décida de la vocation de M. Nodier. Il le détourna de la poésie, qui étoit sa seule pensée, pour le porter vers la philologie et les sciences naturelles, dont il fait dès long-temps sa plus chère étude. Ainsi l'avis d'un littérateur judicieux, en l'éloignant d'une voie, suivant lui, incertaine pour la gloire, l'a mis dans celle du bonheur. Ce qui mérite d'être dit c'est que le critique et le poète sont depuis ce temps-là unis d'une sincère amitié. Cet exemple est trop rare dans les lettres pour que nous n'ayons pas quelque plaisir à le recueillir.

Malgré sa résolution de renoncer aux vers, l'auteur de la *Napoléone* ne se défendit pas tout-à-fait de rimer pour lui seul. Ce furent les seuls amusements de ses longues courses et de ses tristes exils. Les *Contes*, qui composent le second livre, formeroient un beaucoup plus gros volume si l'auteur les avoit tous conservés; mais il n'en reste que ceux que ses amis ont retenus, ou que les journaux ont tirés d'une source inconnue à l'auteur même. Comme éditeurs, et non comme amis de M. Nodier, car il ne nous permettroit pas de parler aussi avantageusement de lui dans une préface attachée à quelques-uns de ses ouvrages, nous nous croyons bien autorisés à dire que ces *Contes* se distinguent par un caractère particulier et de composition et de *facture*, qui doit leur donner une place honorable parmi les livres du même genre. Sans acception de leur mérite littéraire dont nous ne sommes pas juges, on y remarquera certainement la nouveauté de la manière, et ces formes de causerie animée qui représentent bien les impressions d'un rêveur philanthrope satisfait de son sort par raison, et tolérant par expérience. La prolixité même de quelques-unes de ces fables tient au mystère de son travail, et on comprend comment il a été assujetti à la durée d'une course solitaire. C'est un genre d'unité dont Aristote ne s'étoit pas avisé, mais dont La Fontaine a donné d'inimitables exemples. Ce qu'il y a de certain, du moins, et en dernière analyse, c'est que le proscrit qui a trouvé, parmi de si cruelles infortunes, tant de raisons pour être content des autres et de lui-même, et pour ne se plaindre ni de la nature ni de la société, n'étoit pas un homme haïssable.

Nous avons rangé, dans le troisième livre, quelques pièces qui ne prenoient pas place ailleurs, et qui ont été certainement écrites à d'autres époques de la vie de l'auteur. Deux d'entre elles faisoient partie d'un livre d'*Élégies* dont il ne reste pas autre chose, et elles ont obtenu dans le *Mercure* une mention très-flatteuse de la part d'un de nos premiers critiques, l'ingénieux et savant M. Tissot.

Nous n'avons pas admis tout ce qui porte

le nom de M. Nodier dans les recueils, parce qu'il n'a pas la mémoire de ses vers, et qu'il craindroit de dérober ce qu'on lui attribue. Pour un homme qui a passé une partie de sa vie à composer des vers, ce volume est donc bien court. Nous espérons que le public ne le trouvera pas trop long. En tout cas, notre erreur seroit peu préjudiciable à un écrivain qui a placé les chances de sa réputation dans un genre de travail extrêmement différent.

Cette seconde édition est augmentée de treize pièces qui sont loin d'être nouvelles, mais qui, à l'exception d'une seule, n'ont jamais été imprimées.

N. Delangle.

LIVRE PREMIER.

PIÈCES LYRIQUES.

HALTE DE NUIT.

> Oui, je vais te rejoindre, ô roi des héros!
> la vie d'Ossian touche à son terme. Je
> sens que bientôt je vais disparoître.
> Bientôt l'on ne verra plus la trace de
> mes pas dan Selma.
>
> OSSIAN.

N'ai-je pas entendu de célestes concerts,
Des bruits harmonieux qui flottoient dans les airs,
    La voix de l'esprit des déserts?

Le bruit que j'entendois c'est une onde limpide
    Qui roule son cristal liquide
      A travers les sillons.
La lune, du sommet d'un nuage livide,

Répand sur moi l'argent fluide
De ses tremblants rayons,
Et le voyageur qu'elle guide
Voit frissonner au loin sa lumière timide
Sur le toit de ses pavillons.
Chassé par une brise humide,
Le feuillage des bois s'élève en tourbillons.

Muse, rassurez-moi, car mon ame est troublée !
Muse, prêtez l'oreille à ces gémissements !
C'est elle, une ombre désolée
Qui dans le calme affreux des ondes et des vents
Soupire ses tourments.
Sous sa main nébuleuse une harpe ébranlée
Marie à ses accords de longs frémissements.
Cette vierge se plaît dans d'obscurs vêtements :
Des ombres de la nuit elle marche voilée ;
Elle marche au hasard, plaintive, échevelée ;
Ses yeux baignent de pleurs de tristes monuments,
Qui lui rendra le ciel dont elle est exilée ?

Elle n'est déjà plus, et de ses pas errants
J'épie en vain la trace au fond de la vallée;
  Vapeur des torrents exhalée,
Elle va se rejoindre aux vapeurs des torrents.
Muse, rassurez-moi, car mon ame est troublée.

N'ai-je pas entendu de célestes concerts,
Des bruits harmonieux qui flottoient dans les airs,
  La voix de l'esprit des déserts?

  Le passant a vu mon aurore;
  Mon front dans la nue élancé
Brilloit des feux sereins d'un jour qui vient d'éclore.
Le jour succède au jour, et me trouve effacé.
Tel un frêle pavot que le soc a blessé,
Sous ses tentes de pourpre il tombe délaissé.
Il n'a point enrichi les corbeilles de Flore;
Le souffle du zéphir ne l'a point caressé.
Qui suis-je? Un vain éclair que le présent dévore
  Sur les abimes du passé.

Mon cœur cherchoit un cœur. Vous l'avez repoussé,
Qu'il est voluptueux le néant que j'implore!
Il fait froid; je suis mal, inquiet, oppressé,
Muse, ne chantez plus; je n'aime point l'aurore.

N'ai-je pas entendu de célestes concerts,
Des bruits harmonieux qui flottoient dans les airs,
    La voix de l'esprit des déserts?

CHANT FUNÈBRE

AU TOMBEAU

D'UN CHEF SCANDINAVE.

> Après cela, il tomba malade et il connut qu'il devoit bientôt mourir.
> MACHABÉES.

> Fallen! fallen! fallen!
> DRYDEN.

Le soleil se lève. Un convoi funèbre s'arrête précédé d'une musique sauvage. Des torches de résine brûlent aux coins d'un autel noir sur lequel fume encore le sang des prisonniers immolés. On entend dans le lointain les cris de joie des prêtres et les gémissements des victimes.

Le corps du chef repose tout armé sur un large bouclier. Son cercueil est porté derrière lui par de jeunes hommes, et suivi par des femmes en robes blanches qui agitent des flambeaux de mélèze. Cent guerriers l'entourent avec leurs longues lances de bois aiguisé, leurs casques de fer et leurs panaches de plumes d'aigles.

UN DES CHEFS DU PEUPLE.

Justice, éveille-toi ! Peuples, prenez le deuil !

CHOEUR DU PEUPLE.

Mon roi tombe, il est mort, et voilà son cercueil !

Le cèdre s'élevoit si vain de son feuillage !
Ses rameaux triomphants insultoient à l'orage,
Et d'épais bataillons dormoient sous son ombrage.
Mon roi tombe, il est mort, et voilà son cercueil !

Grossi d'un fer liquide, un noir torrent de lave

Des gouffres du volcan sur la plaine vomi :
Tel étoit le courroux du brave.
A l'aspect de ce dieu l'étranger a frémi.

UN HOMME DU PEUPLE.

Et maintenant, CE DIEU, tu le vois endormi !

UN JUGE DU PEUPLE.

Il ne rêvera plus le poignard de l'esclave,
Par le désespoir affermi.

UN SACRIFICATEUR.

Ses lèvres puiseront un breuvage suave
Dans le crâne de l'ennemi.

CHOEUR DU PEUPLE.

Mon roi tombe, il est mort, et l'étranger me brave !

UN HOMME DU PEUPLE.

Marchons, dit l'étranger, son dieu s'est endormi !

UN VIEILLARD.

Qu'il est doux le sommeil dont ce prince repose

Exempt des embûches du sort!

UN ÉPOUX.

Qu'il est froid le baiser que sa bouche dépose
Au front ténébreux de la mort!

UNE JEUNE FILLE.

Sur sa natte amoureuse et fraîchement semée
De parfums et de fleurs,
Mon teint voluptueux, de la rose animée
Ne fera plus briller les naïves couleurs!...

UNE VEUVE.

Il ne sourira plus au bruit de mes douleurs!

LA JEUNE FILLE.

Il m'appeloit sa bien-aimée!

UN PROSCRIT.

Croyez-vous que la mort l'ait absous de mes pleurs!

UN BARDE.

Apportez-moi des jeux la harpe accoutumée.

CHANT FUNÈBRE.

Je chante du héros le règne glorieux,
Et de son aigle altier l'essor victorieux.
Sa mémoire vivra, par ma voix proclamée,
Et seul, des longs oublis du temps injurieux
    J'affranchirai sa renommée.

UN PASSANT.

Son règne et sa mémoire, inconstante fumée !

UN DES CHEFS DU PEUPLE.

Justice, éveille-toi ! Peuples, prenez le deuil !

CHOEUR DU PEUPLE.

Mon roi tombe, il est mort, et voilà son cercueil !

LE
SUICIDE ET LES PÉLERINS.

IMITÉ

DU CHANT DE SCHWARZBOURG.

> O Dieu ! prends pitié de nos maux ! Punirois-tu l'erreur du même bras qui châtie le crime ?
>
> FUNÉRAILLES D'ABAMBERT.

UN PÉLERIN.

Qu'est devenu l'étranger
Qui respiroit l'amour, la liberté, la gloire ?
Quels bords ont recueilli son esquif passager ?
Son nom s'est-il éteint sans laisser de mémoire,
    Ainsi qu'un rêve léger ?

UN JEUNE ERMITE.

Sa jeunesse fut rapide;
Le feu qui l'animoit n'a brillé qu'un moment,
Et voici que l'onde avide
Roule sur son monument.
Il a dit à la mort : Vous êtes mon égide !
Il a dit au sable humide :
Vous serez mon vêtement.

LE PÉLERIN.

Qu'est-il resté de lui ?

L'ERMITE.

Sa dépouille livide
Et quelque pâle ossement.

LE PÉLERIN.

En vain l'humble violette
S'enrichit d'appas naissants :
Sa vapeur tendre et discrète
Ne charmera plus tes sens.

En vain l'aube matinale
Ouvre ses portes d'opale
Au char pompeux du soleil :
Jamais sa douce lumière
N'affranchira ta paupière
Des froids liens du sommeil.

LES PÉLERINS.

Quand ils s'éveilleront aux lueurs de la foudre
    Les morts des temps écoulés,
Quand leurs fronts sourcilleux diviseront la poudre
    De ces mondes écroulés,
    O père de la nature,
    Retiens sur la sépulture
    De ta foible créature
    Ton courroux prêt à tonner ;
    Et si l'ame du transfuge
    Va demander un refuge
    Entre les bras de son juge,
    Souviens-toi de pardonner !

L'AIGLE CÉLESTE.

IMITÉ

DE PINDARE.

Vois cet aigle sacré, fier monarque des airs;
Sur un nuage d'or reposant immobile,
Au sein de Jupiter il marque son asile,
Et son vaste regard embrasse l'univers.

Il n'essaya jamais sa superbe paupière
Aux douteuses clartés d'un astre à son réveil.
Contemporain du jour créé pour la lumière,
Il se baigne à son gré dans les feux du soleil.

En vain le ciel s'ébranle, et ses plaines émues
Retentissent des cris d'un aquilon d'airain :
Voilé du chaste azur d'un firmament serein,
Dans un calme immortel il affronte les nues.

Ma voix est parvenue aux suprêmes parvis.
Il écoute, et, sensible au charme de mes plaintes,
Il chancelle étonné sur ses foudres éteintes.
Une douce langueur endort ses sens ravis.

Il soupire, il frissonne, il se connoît à peine;
De son plumage obscur doucement agité,
Un long frémissement parcourt la molle ébène;
Son œil se trouble et meurt, noyé de volupté.

L'ÉPOUX ET L'ÉPOUSE.

IDYLLE DE SALOMON.

TRADUCTION LITTÉRALE EN VERS.

> Il n'y a que celui qui aime qui puisse
> entendre ce langage.
> IMITATION DE J. C.

L'ÉPOUSE.

Qu'il me donne un baiser de sa bouche enflammée.
Vos amours sont plus doux qu'un parfum précieux,
Les vins de nos coteaux sont moins délicieux.

TRADUCTION LITTÉRALE EN PROSE.

L'ÉPOUSE.

Qu'il me donne un baiser de sa bouche, car vos amours sont meilleures que le vin.

Votre nom se répand comme une huile embaumée;
C'est pourquoi, mon époux, des vierges d'Idumée
   Vous enchantez les yeux.

Entraînez-moi vers vous. Sur sa trace adorée
D'un suave parfum je marchois enivrée.
Le roi me conduisit par de secrets détours.
Je répétois encor d'une voix égarée :
Un vin délicieux plaît moins que vos amours ;
C'est pourquoi les cœurs droits vous aimeront toujours.

L'odeur de vos parfums est excellente. Votre nom est un parfum que l'on répand; c'est pourquoi les vierges vous aiment.

Entraînez-moi. Nous courrons après vous, à l'odeur de vos parfums. Le roi m'a fait entrer dans ses appartements secrets. C'est là que nous nous réjouirons en vous, et que nous serons ravis de joie en nous souvenant que vos amours sont meilleures que le vin. Ceux qui ont le cœur droit vous aiment.

L'ÉPOUX ET L'ÉPOUSE.

Je suis brune, mais je suis belle,
Jeunes filles, regardez-moi :
J'ai la grâce et l'éclat des palais de mon roi;
J'ai de ses pavillons la splendeur solennelle.
Si les feux du soleil m'ont ravi ma couleur,
Ce hâle rigoureux qui brunit mon visage
Des enfants de ma mère est le cruel ouvrage;
Ils se sont colérés contre leur propre sœur :
Ils m'envoyoient au loin garder leur héritage;
Et du chaste jardin que j'avois en partage,
Moi-même j'ai perdu la fleur.

Je suis brune, mais je suis belle, ô filles de Jérusalem ! je suis comme les tentes de Cédar, comme les pavillons de Salomon.

Ne considérez pas que je suis brune, car c'est le soleil qui a dardé ses rayons sur moi. Les enfants de ma mère se sont colérés contre moi. Ils m'ont mise dans les vignes pour les garder, et je n'ai pas gardé ma propre vigne.

Parlez, mon bien-aimé, quel heureux pâturage
Attire vos troupeaux sous ses riants vergers ?
De quel bois, à midi, préférez-vous l'ombrage ?
Je pourrois suivre en vain de bocage en bocage
    Les pas incertains des bergers.

L'ÉPOUX.

Puisque vous l'ignorez, la plus belle des filles,
Suivez de nos troupeaux les errantes familles,
Aux tentes des pasteurs conduisez vos chevreaux.

O vous, qui êtes le bien-aime de mon ame, apprenez-moi où vous paîtrez votre troupeau, où vous le ferez reposer à midi, de peur que je ne m'égare en suivant les pas de vos compagnons.

L'ÉPOUX.

Si vous ne le savez pas, ô vous qui êtes la plus belle d'entre les femmes, sortez, suivez les traces des troupeaux, et menez paître vos chevreaux près des tentes des pasteurs.

Aimable Sulamite, ô ma jeune maîtresse,
De mes brillants coursiers vous avez la noblesse;
Vos traits ont la candeur des tendres tourtereaux.
Il n'est point de bijou dont votre cou n'efface
  Et la richesse et la beauté.
Vous aurez des colliers travaillés avec grâce
Où dans l'or le plus pur l'argent brille incrusté.

L'ÉPOUSE.

Pendant que du sommeil le roi subit l'empire,

 O vous, qui êtes mon amie, je vous compare à ces chevaux pleins de courage, qui sont attachés aux chars de Pharaon.

 La beauté de vos joues est relevée par divers ornements. Vos joues ont la beauté des tourterelles, et votre cou ressemble à de riches colliers.

 Nous vous ferons des chaînes d'or, marquetées d'argent.

L'ÉPOUSE.

Pendant que le roi reposoit, le nard a répandu sa bonne odeur.

L'ÉPOUX ET L'ÉPOUSE.

Le nard qui me parfume exhale son odeur ;
Mon époux est pour moi comme un bouquet de myrrhe,
 Il reposera sur mon cœur.
Mon époux est pareil à la grappe nouvelle,
C'est le raisin de Cypre aux vignes d'Engaddi.

L'ÉPOUX.

O mon amie ! oh que vous êtes belle !
D'une jeune colombe amoureuse et fidèle
Vous avez le regard innocemment hardi !
O mon amie ! oh que vous êtes belle !

Mon bien-aimé est pour moi comme un bouquet de myrrhe. Il reposera entre mes mamelles.

Mon bien-aimé est pour moi comme une grappe de grains de Cypre dans les vignes d'Engaddi.

L'ÉPOUX.

Oh que vous êtes belle, ma bien-aimée ! oh que vous êtes belle ! Vos yeux sont doux et hardis comme ceux des colombes !

L'ÉPOUSE.

Que mon époux est beau ! que vous avez d'attraits !

Notre lit est couvert des roses les plus vives.

De nos maisons le cèdre a fourni les solives,

 Et notre lit est de cyprès.

L'ÉPOUSE.

Que vous êtes beau, mon bien-aimé ! que vous avez de grâces et de charmes ! Notre lit est couvert de fleurs.

Les solives de nos maisons sont de cèdre, et nos lambris sont de cyprès.

REMARQUE.

Ils se sont *colérés* contre leur propre sœur.

Cette expression est une de celles qu'on reprochoit à l'auteur dans un temps où le plus léger archaïsme étoit assimilé au plus grave délit contre la grammaire. Ce qu'il y a de certain c'est qu'il n'avoit fait que l'emprunter au plus naïf et au plus joli de nos anciens textes. Corneille dit d'ailleurs :

  Modère ces bouillons d'une ame *colérée*,
  Ils sont trop violents pour être de durée.

Malheureusement *coléré* n'est pas dans le *Dictionnaire de l'Académie*. *Iré* s'y trouve, ce qui démontre, à n'en pas douter, que le fameux hémistiche de Dubartas,

  Tire l'ire à l'*iré*,

est excellent, et que les vers de Corneille sont détestables.

ROMANCES.

DE LA ROMANCE.

Je regarde la romance comme la plus précieuse tradition de notre vieille poésie.

Il est à remarquer que ce genre appartient essentiellement aux siècles mélancoliques et fut ignoré de l'antiquité.

Il seroit cependant permis de penser que si *Ruth* est la plus parfaite des idylles, et le *Cantique des cantiques* le plus magnifique des épithalames, l'histoire de *Dina*, celle du *Lévite d'Éphraïm*, et une partie du Livre de *Job*, pourroient être regardées comme les premiers modèles de la romance.

La mythologie sombre des Calédoniens et des Scandinaves sembloit inventée pour la romance. Les poèmes d'Ossian et les chants scaldes sont des romances inimitables.

La romance fleurit, avec les mœurs chevaleresques, à l'époque de la civilisation de l'occident. Elle fut tour à tour un chant d'amour, un chant de guerre, un chant de tradition.

Elle est le monument de tous les souvenirs *romantiques*. On referoit avec des romances l'histoire héroïque du moyen âge. Le Tasse, l'Arioste, les romanciers et les poètes de la table ronde, ne sont peut-être que d'heureux compilateurs de romances.

La romance est un poème qui a une action comme l'épopée, et qui en admet les moyens; mais elle peut passer, dans un cadre étroit, de l'élévation de l'ode à la simplicité de l'églogue, à la douce gravité de l'élégie. Elle ne dédaigne pas de s'armer quelquefois du trait gracieux d'un madrigal, et même de la pointe de l'épigramme.

Berquin a fait de jolies romances; Fabre d'Églantine et Moncrif en ont fait de belles. Les romances en prose de M. de Chateaubriand et les romances pseudographes de Clotilde sont sublimes [1].

J'en ai entendu d'admirables dont la nature faisoit tous les frais, et qu'on ne chante que dans les hameaux.

Il faudroit plus que de l'esprit pour faire une excellente romance; il faudroit de la sensibilité, c'est-à-dire du génie.

---

[1] Il est sans doute inutile de rappeler au lecteur que ceci a été écrit vingt ans avant la publication des Poésies de Mme Tastu et de M. Victor Hugo.

Je ne connois rien d'ailleurs de plus pitoyable qu'une romance médiocre, et c'est dire assez ce que je pense des miennes.

Paris, 1809.

LE RENDEZ-VOUS

DE

LA TRÉPASSÉE.

ROMANCE.

> Le peuple étoit persuadé que nul ne commet une méchante action, sans se condamner à avoir le reste de sa vie d'effroyables apparitions à ses côtés.
>
> CHATEAUBRIAND.

Claire et Paulin, avec simplesse
    Couloient leurs jours,
Et voyoient fleurir leur jeunesse
    Et leurs amours;

Rien ne pouvoit en apparence
   Les désunir,
Le temps cher à leur espérance
   Alloit venir.

Ils ne rêvoient qu'hymen et joie,
   Loisir heureux,
Qu'un Dieu toujours propice envoie
   Aux amoureux;
Mais de Paulin voici le père :
   « Il faut partir,
« Et de l'amour de votre Claire
   « Vous départir. »

Il s'en alla vers sa future
   En grand émoi :
« Déplorable mésaventure!
   « C'est fait de moi!
« Mon père veut que je le suive,
   « Et dès ce soir;

« Mais jurons-nous, quoi qu'il arrive,
 « De nous revoir.

« Si quelqu'un d'un amour coupable
 « Veut te lier,
« Tu répondras : Suis-je capable
 « De l'oublier !
« Bientôt mon ami va me dire :
 « Éveillez-vous !
« C'est enfin l'heure de sourire
 « A votre époux.

« Mais si l'un de nous, dans l'attente
 « Est trépassé,
« Que son ame reste constante
 « Au délaissé ;
« Qu'avec doux regard, doux visage,
 « Et doux parler,
« Elle vienne du noir rivage
 « Le consoler. »

Paulin partit. Un cœur novice
    Est si léger;
Un rien, un désir, un caprice
    Le fait changer :
Claire est bien loin, Rose est jolie,
    Un trait l'atteint :
Le temps fuit, le serment s'oublie,
    L'amour s'éteint.

Claire, apprenant par renommée
    Ses nouveaux feux,
Lui mande : « Une autre bien-aimée
    « Obtient tes vœux;
« Celui qui m'occupe à toute heure
    « M'a pu trahir :
« Claire lui pardonne, le pleure,
    « Et va mourir. »

D'abord à de grandes alarmes
    Il se livra ;

Mais Rose d'un air plein de charmes
  Le rassura :
« Pourrois-tu croire à la nouvelle
  « De ce trépas ?
« On se lamente, on se querelle ;
  « On ne meurt pas.

« La joie est si vite ravie
  « A nos désirs !
« Faut-il consumer notre vie
  « En déplaisirs ?
« Viens à la fête qu'on dispose
  « Finir le jour,
« Et tu recevras de ta Rose
  « Merci d'amour. »

Il vole au bal, et fend la presse
  Pour la chercher ;
Il lui semble que tout s'empresse
  A la cacher ;

Il croit l'entendre dans la foule
    Au moindre bruit,
Et voit son espoir qui s'écoule
    Avec la nuit.

Mais voilà bien de son amante
    Le domino,
Son cou de lis, sa main charmante,
    Et son anneau :
« Rose, un heureux projet t'appelle,
    « Il t'en souvient !
« Tu me diras trop tôt, cruelle,
    « Que le jour vient !

« Disparoissez, forme empruntée,
    « Masque envieux ! »
Il dit, et Claire ensanglantée
    S'offre à ses yeux,
Le bras armé d'un glaive humide,
    L'œil égaré,

Le teint meurtri, le sein livide,
  Et déchiré.

Sans le délivrer de cette ombre
  Le jour a lui;
Elle promène un regard sombre
  Autour de lui;
Dès que ses sens, chargés de veilles,
  Vont s'assoupir,
Elle murmure à ses oreilles
  Un long soupir.

Mais quand sa peine fut comblée
  Il eut merci,
Et rendit son ame accablée
  D'un noir souci.
Puisse comme lui tout parjure
  A son serment
Subir de sa lâche imposture
  Le châtiment!

LA BLONDE ISAURE.

IMITÉ DE L'ALLEMAND.

Jeunes beautés, sur ma harpe d'ébène,
Je vous dirai les douleurs de l'amour ;
D'un cœur trahi je vous dirai la peine,
Et les forfaits qu'il invente à son tour ;
Prêtez l'oreille aux vers du troubadour.

« Tu sais chanter les héros, les batailles,
« Tout ce qui plaît au cœur d'un chevalier.
« Le noble Évrard t'attend dans ses murailles :

« Pour son festin prépare un chant guerrier.
« Je suis Arthur; je suis son écuyer.

« La belle Agnès, cette perle de France,
« A notre Évrard vient d'accorder sa main;
« Dans ce château de brillante apparence
« L'hymen conclu doit avoir lieu demain,
« Et ce varlet t'apprendra le chemin. »

Tout étoit prêt. La gentille future
S'égaroit seule à l'ombre d'un bosquet.
Simples rubans composoient sa parure,
Simples jasmins composoient son bouquet.
« Viens, troubadour, prendre place au banquet. »

Combien Évrard la trouvoit donc jolie!
En la voyant quel feu vient l'embraser!
« Ton fin sourire est la rose embellie
« Où le zéphir aime à se reposer. »
Puis à l'écart il lui prend un baiser.

LA BLONDE ISAURE.

Lors à la ronde on s'assied, on se presse;
Propos badins voloient tout à l'entour;
Chaque galant cherchoit une maitresse,
Chaque regard cherchoit un doux retour,
Chaque convive étoit un troubadour.

« Un pélerin s'approche de l'enceinte :
« Son âge est tendre, et son air ingénu.
« Dans la croisade et dans la Terre-Sainte,
« De vous, dit-il, son père fut connu. —
« Bon, dit Évrard, qu'il soit le bien venu! »

Un feutre épais déguisoit son visage;
Son corps débile étoit vêtu de lin.
Évrard ému, tremblant à son passage,
Affecta mal de paroître serein.
Que dira-t-on du pauvre pélerin?

« Seroit-ce à Rome, ou bien dans la Galice,
« Beau pélerin, que vous portez vos pas?

« N'iriez-vous point, au lieu du sacrifice,
« Du bon Sauveur adorer le trépas ? »
Le pélerin ne lui répondit pas.

« Auriez-vous fait quelque vœu téméraire,
« Dans un vaisseau pressé de grand danger ?
« Ou priez-vous pour la santé d'un père
« Que nul secret ne sauroit soulager ? »
On entendit soupirer l'étranger.

Un vin exquis brille en mousse légère,
Et du plaisir présage le retour.
Le pélerin inonde sa fougère :
« Agnès, Agnès, je bois à ton amour !
« Reprends ma coupe, et buvons tour à tour ! »

Agnès sourit, et la coupe s'épuise.
« Frémis, dit-il, et connois mon dessein !
« Un noir poison, que ce nectar déguise,
« Vient de couler avec lui dans ton sein.

« Le pélerin, c'étoit ton assassin. »

Agnès succombe; et, mourante et livide,
D'un cri sinistre elle frappe les airs.
« Pour cet enfant, que la mort est rapide !
« As-tu payé les maux que j'ai soufferts?
« Eh bien! va donc m'annoncer aux enfers !... »

Évrard s'élance, et, qui pourroit le croire?
Le pélerin le contient d'un regard.
C'est une femme; et sur son dos d'ivoire
Des cheveux blonds s'échappent au hasard.
Un morne effroi glace la main d'Évrard.

« Je suis, dit-elle, Isaure de Sancerre :
« La Palestine atteste mes aïeux.
« Dans un tournois Évrard a su me plaire ;
« Dieux ! quel transport éclatoit dans ses yeux !
« Je l'adorois ! il fut victorieux.

« Quand au héros on ouvrit la barrière,
« Sous son armure un dieu sembloit caché.
« De ses exploits il remplit la carrière;
« Le plus vaillant à ses pieds fut couché,
« Et de cimiers le sable fut jonché.

« Le roi me dit : Prenez cette couronne;
« Décernez-lui le prix de la valeur.
« Je dis tout bas : C'est l'amour qui la donne;
« D'eux et de moi le sort t'a fait vainqueur.
« Reviens ce soir, et songe à mon bonheur.

« Je l'aimai tant, que je le crus fidèle !
« De son amour un fils me fut donné :
« Il ne vit plus, et sous ma main cruelle,
« Ce fils trop cher périt assassiné :
« Je l'ai puni du malheur d'être né.

« Mais c'en est fait ;... mon cœur brûle... et frissonne!

« Jouis, Évrard, du trépas qui m'atteint !... »
Disant ces mots, la force l'abandonne.
Pâleur de lis se répand sur son teint ;
Son œil d'azur languit, roule et s'éteint.

A cet aspect, Évrard prit son épée,
Il se perça de son fer acéré ;
Et par trois fois de sang toute trempée,
La replongea dans son sein déchiré,
Et l'y tourna d'un bras désespéré.

Las ! il n'est point de bonheur sans franchise,
De trahison sans trouble et sans regrets.
De nos aïeux conservons la devise :
Soyons constants, et puis soyons discrets ;
Pour être heureux c'étoient là leurs secrets.

LA VIOLETTE.

IMITÉ
DE GOËTHE.

> Nulle fleur ne nous touche davantage que la violette cachée sous l'herbe. Le sentiment qui en émane s'offre à nous et s'y refuse aussitôt. Nous le cherchons en vain. Un léger souffle a entraîné son parfum; il le ramène et l'entraîne encore, et son caprice invisible a fait notre volupté.
>
> SENANCOUR*.

La violette ingénue,

Au fond d'un vallon obscur,

---

* C'est au désir de citer ces lignes délicieuses, un des modèles les plus parfaits de style qui existent dans notre langue, que l'auteur a cédé, en consentant à la réimpression de cette petite pièce, peu digne, selon lui, de paroître, après l'imitation ravissante que M. de la Touche a faite de l'original. Il s'en trouve aussi une traduction parmi celles des *poésies de Goëthe*, que nous a données madame Panckoucke, et l'on sait que sa prose a toute la grâce et toute l'harmonie des bons vers.

Déployoit sous l'herbe émue
Son frais pavillon d'azur.

De sa vapeur fugitive
Les airs étoient parfumés.
Elle reposoit craintive
Sous ses voiles embaumés.

« On m'oublie, on me délaisse
« Au fond du vallon obscur,
« Et le Zéphir seul caresse
« Mon frais pavillon d'azur.

« En vain le jour qui s'éveille
« Enflamme les cieux épris,
« Et de sa clarté vermeille
« Inonde au loin leurs pourpris.

« Jamais l'œil d'une bergère,
« Au fond du vallon obscur,

LA VIOLETTE.

« Ne surprend sous la fougère
« Mon frais pavillon d'azur.

« Voici Lise ! qu'elle est belle !
« Que ne puis-je, heureuse fleur,
« Briller un instant pour elle,
« Et mourir près de son cœur ! »

Mais Lise qui marche, errante,
Au fond du vallon obscur,
Foule sa tige mourante
Et son pavillon d'azur.

« Le déclin de la journée
« Auroit flétri mes couleurs.
« Plus belle et plus fortunée,
« C'est par Lise que je meurs.

« Quand tu reviendras, fidèle,
« Au fond du vallon obscur,

« Zéphir, reçois sur ton aile
« Mon frais pavillon d'azur. »

ODES.

NOTE
SUR LA NAPOLÉONE.

Nous ajouterons peu de chose à ce que nous avons dit de cette ode dans notre *avertissement*. Nous devons avouer cependant que, dans l'embarras du choix entre un assez grand nombre de leçons diverses, nous avons adopté de préférence la plus ancienne copie, quoiqu'elle ne soit évidemment pas la meilleure. Dans un ouvrage pareil que l'écriture a moins contribué à conserver que la mémoire, il a dû s'introduire de nombreuses modifications, et parmi ces modifications il peut s'en trouver d'excellentes qui ne seroient pas propres à l'auteur. Ici on est sûr d'avoir ses premières inspirations.

On remarquera dans la cinquième strophe un vers :

> Révois-tu quelquefois le poignard de Brutus,

qui rappelle presque identiquement cet autre vers d'une des pièces précédentes :

> Il ne rêvera plus le poignard de l'esclave.

L'auteur s'étoit dérobé ce vers en écrivant *la Napoléone* pour imprimer à sa composition une espèce d'authenticité. M. de Jouy a dit huit ans après M. Nodier dans sa belle tragédie lyrique de la Vestale :

> La roche Tarpéienne est près du Capitole.

Mais l'origine commune de ces deux vers est un mot connu de Mirabeau.

LA NAPOLÉONE.

ODE.

Que le vulgaire s'humilie
Sur les parvis dorés du palais de Sylla,
Au-devant des chars de Julie,
Sous le sceptre de Claude et de Caligula;
Ils régnèrent en dieux sur la foule tremblante.
Leur domination sanglante
Accabla le monde avili;
Mais les siècles vengeurs ont maudit leur mémoire,
Et ce n'est qu'en léguant des forfaits à l'histoire
Que leur règne échappe à l'oubli.

Qu'une foule pusillanime
Brûle au pied des tyrans son encens odieux.
Exempt de la faveur du crime,
Je marche sans contrainte, et ne crains que les dieux.
On ne me verra point mendier l'esclavage
Et payer d'un coupable hommage
Une infâme célébrité.
Quand le peuple gémit sous sa chaîne nouvelle,
Je m'indigne d'un maître, et mon ame fidèle
Respire encor la liberté.

Il vient cet étranger perfide
Insolemment s'asseoir au-dessus de nos lois;
Lâche héritier du parricide,
Il dispute aux bourreaux la dépouille des rois.
Sycophante vomi des murs d'Alexandrie
Pour l'opprobre de la patrie,
Et pour le deuil de l'univers,
Nos vaisseaux et nos ports accueillent le transfuge;
De la France abusée il reçoit un refuge,

Et la France en reçoit des fers

Pourquoi détruis-tu ton ouvrage,
Toi qui fixas l'honneur au pavillon françois?
Le peuple adoroit ton courage.
La liberté s'exile en pleurant tes succès.
D'un espoir trop altier ton ame s'est bercée.
Descends de ta pompe insensée,
Retourne parmi tes guerriers.
A force de grandeur crois-tu devoir t'absoudre?
Crois-tu mettre ta tête à l'abri de la foudre
En la cachant sous des lauriers?

Quand ton ambitieux délire
Imprimoit tant de honte à nos fronts abattus,
Dans l'ivresse de ton empire
Rêvois-tu quelquefois le poignard de Brutus?
Voyois-tu s'élever l'heure de la vengeance
Qui vient dissiper ta puissance
Et les prestiges de ton sort!

La roche Tarpéienne est près du Capitole,
L'abîme est près du trône, et la palme d'Arcole
    S'unit au cyprès de la mort.

    En vain la crainte et la bassesse,
D'un culte adorateur ont bercé ton orgueil.
    Le tyran meurt, le charme cesse,
La vérité s'arrête au pied de son cercueil.
Debout dans l'avenir la justice t'appelle;
    Ta vie apparoît devant elle
    Veuve de ses illusions.
Les cris des opprimés tonnent sur ta poussière,
Et ton nom est voué par la nature entière
    A la haine des nations.

    En vain aux lois de la victoire
Ton bras triomphateur a soumis le destin.
    Le temps s'envole avec ta gloire,
Et dévore en fuyant ton règne d'un matin.
Hier j'ai vu le cèdre : il est couché dans l'herbe

Devant une idole superbe,
Le monde est las d'être enchaîné.
Avant que tes égaux deviennent tes esclaves,
Il faut, Napoléon, que l'élite des braves
Monte à l'échafaud de Sidney.

Paris, février 1802.

LE
POÈTE MALHEUREUX.

ODE.

Vois du haut de ces monts dans sa course indomptée
Bouillonner ce torrent qui tombe impétueux,
    Et sur la plaine épouvantée,
Suis de ses flots vainqueurs l'élan tumultueux.
Il s'échappe en grondant de l'urne des orages,
De longs rugissements fait retentir les airs,
Et repoussant au loin ses mobiles rivages,
D'une onde conquérante envahit les déserts ;
Des rochers sourcilleux il entraîne la cime,
Des modestes vallons il ravage les bords,
Bondit, se précipite, et d'abîme en abîme,
S'ouvre un chemin nouveau vers l'empire des morts.

6.

C'est ainsi qu'entourés d'une horreur menaçante
S'écoulent désormais mes jours désabusés.
    Ainsi de leur digue impuissante
Ils roulent avec eux les vestiges brisés ;
Nourrissant lentement ma force solitaire
Des leçons de l'exil et de l'adversité,
J'ai bravé les rigueurs d'une fortune austère.
Je vivrai pour la gloire et la postérité.
Le berceau du génie est le berceau d'Alcide ;
Il s'éveille assiégé de serpents odieux ;
Il s'élance, il triomphe, il prend un dieu pour guide,
Et le destin soumis l'appelle au rang des dieux.

Quel instant m'a ravi l'erreur pleine de charmes
Dont mon cœur détrompé n'attend plus le retour !
    Les yeux noyés d'heureuses larmes,
Je me livrois, crédule, à des rêves d'amour.
Mes ans se succédoient comme les flots tranquilles
D'un ruisseau qui se peint de brillantes couleurs,
Et qui berce, en fuyant, sur ses ondes dociles,

LE POÈTE MALHEUREUX.

Le chaste azur des cieux, le tendre émail des fleurs.
De ces lieux qu'embellit une fraîche verdure,
Il semble qu'à regret il éloigne ses eaux,
Et qu'il salue encor, d'un douloureux murmure,
Et son dais de feuillage, et son lit de roseaux.

Muses, je n'aime plus l'éclat de vos guirlandes,
L'odeur de vos parfums est pour moi sans douceurs;
  Mégère veut d'autres offrandes,
A déchirer mon sein elle excite ses sœurs.
C'est elle qui, des nuits dissipant les ténèbres,
M'apparoît tout à coup sous d'informes lambeaux.
A la pâle clarté de ses torches funèbres,
C'est elle qui m'égare au milieu des tombeaux.
Moins malheureux que moi, malheureux fils d'Atride,
Sa haine impitoyable épargna tes liens.
Tu retrouvas ta sœur aux autels de Tauride,
Un ami te suivoit, et j'ai perdu les miens.

Viens! Sous ces marbres froids, c'est là qu'elle repose!

Elle! une forme absente, un souvenir confus.
>Le matin sourit à la rose,

Et l'étoile du soir ne la retrouve plus.
O toi que j'adorois, toi que je pleure encore,
Toi que cherchent mes yeux dans l'immense avenir,
Dis-moi si ces débris que la terre dévore,
Du feu qui t'animoit gardent le souvenir!
Dis-moi si d'un hymen qui trahit la nature,
Il est vrai que la mort rompit les nœuds jaloux,
Que tu sois libre enfin d'une chaîne parjure,
Et que l'éternité me nomme ton époux!

Hélas! quand du cercueil soulevant la poussière,
J'oserai vers le ciel tourner mes yeux ravis,
>Quand du séjour de la lumière

Mes pas ambitieux fouleront les parvis;
D'innocence, d'amour, et de grâces parée,
Sur un nuage d'or qu'emportent les zéphirs,
Quand je pourrai te voir du sublime empyrée
Parcourir mollement les plaines de saphirs,

LE POÈTE MALHEUREUX.

Ne va pas, de mon cœur justifiant la crainte,
Méconnoître ces traits qu'ont flétris les revers.
Sur mes bras desséchés regarde cette empreinte ;
Ce bruit qu'on entendoit, c'est celui de mes fers.

Si mon front s'est voilé d'un nuage de poudre,
Tu me devineras à mes gémissements.
    Le malheur est comme la foudre ;
Il frappe le sommet des plus hauts monuments.
Mais, à l'effort vengeur qui fit plier sa tête,
Typhon ne céda point sans avoir combattu,
Et, digne de respect jusque dans sa défaite,
La terre admire encor ce géant abattu.
Le soleil pâlissoit en ouvrant sa carrière,
Et de sombres vapeurs dissimuloient ses feux.
Il a déjà franchi leur indigne barrière ;
Voici mon orient. Peuples, ouvrez les yeux !

Que dis-je ! abandonné de tout ce qui respire
Et du Père de tous déplorable orphelin ,

LE POÈTE MALHEUREUX.

Ici je suspendrai ma lyre.
L'aurore de mes ans touchoit à leur déclin.
Fier du pudique éclat de son aile argentée,
Ainsi, noble Eurotas, le cygne aimé des dieux
Sillonne, éblouissant, ta surface agitée,
Et remplit tes échos d'accents mélodieux.
Il consume sa vie en préludant sa gloire,
Mêle un hymne de mort à ses hymnes touchants,
Et, chassé de ton onde aux bords de l'onde noire,
Frémit, soupire, et tombe, étonné de ses chants.

Au Temple, novembre 1802.

HYMNE A LA VIERGE.

> Quelle est celle-ci qui s'élève du désert comme une colonne de fumée qui monte des parfums de myrrhe, d'encens, et de toutes sortes de poudre du parfumeur?
> CANTIQUE DES CANTIQUES, chap. III, v. 6.
> TRAD. DE LEGROS.

> Je vous salue, Marie pleine de grâce.
> SALUTATION ANGÉLIQUE.

> Rose mystique, priez pour nous.
> Étoile du matin, priez pour nous.
> Consolation des prisonniers, priez pour nous.
> Refuge des pécheurs, priez pour nous.
> LITANIES DE LA SAINTE VIERGE.

Ainsi la myrrhe parfumée
Qu'exhale un brasier dévorant,
S'élève à demi consumée,
Et vole en nuage odorant.

Des flots d'encens et de cinname
Roulent, dans sa mobile flamme,
L'or, l'émeraude et le saphir ;
Et le feu pur qui la colore
Fait pâlir celui dont l'aurore
Émaille les cristaux d'Ophir.

Ainsi cette vierge ingénue,
Pleine de grâce et de beauté,
S'élance, et plonge dans la nue
Son front rayonnant de clarté.
Le chœur mystérieux des anges
Mêle le bruit de ses louanges
Aux concerts des mondes ravis;
La terre frémit devant elle,
Et sous les pas de l'immortelle
Les cieux abaissent leurs parvis.

Tu parois ! à la nef timide
Qui tente un rivage ignoré,

L'aspect du phare qui la guide
Promet un port moins assuré.
Le palmier, vaste et solitaire,
Verse une ombre moins salutaire
Sur les sables de Gelboé.
Moins d'éclat anime la rose,
Et moins suave elle repose
Près des sources du Siloé.

C'est à toi que la voix des sages
Promit ces destins éclatants
Que leur regard, vainqueur des âges,
Lisoit dans les fastes du temps.
Tel le plongeur penché sur l'onde,
D'une vue errante et profonde
Interroge le sein des mers,
Et, sous la vague blanchissante,
Marque la perle éblouissante,
Secret trésor des flots amers.

Le Seigneur, des astres qu'il aime
T'a soumis le chœur gracieux.
Tu brilles dans son diadème,
A l'égal du flambeau des cieux.
Heureux qui vit sous tes auspices !
Que de fois tes rayons propices
Ont rassuré les mariniers !
Que de fois ta splendeur nocturne
A charmé l'ennui taciturne
Qui veille au lit des prisonniers !

Hélas ! ces héros éphémères
Qu'élèvent de sanglants pavois,
Sont inexorables aux mères :
Ils ne comprendroient pas ta voix !
Mais Dieu, dans son amour immense,
Permet que ton pouvoir commence
Où finit celui des humains.
D'un seul regard tu le désarmes,

Et l'on dit qu'une de tes larmes
Éteint la foudre dans ses mains.

Si jusqu'au ciel, où tout s'expie,
Parviennent mes tristes accents,
Tu sais sous quelle chaine impie
Languissent mes jours innocents :
Tu peux, de l'ombre où je t'adore,
M'envoyer comme un météore,
Sur les ailes du séraphin,
Aux lieux où ma sœur éplorée,
Devant ton image sacrée
Entretient la lampe sans fin.

A Sainte-Pélagie, avril 1803.

LIVRE SECOND.

CONTES EN VERS.

LE TRÉSOR
ET
LES TROIS HOMMES.

IMITÉ D'UNE FABLE ORIENTALE,
D'APRÈS DIDEROT.

Trois hommes (c'est bien peu pour en trouver un bon)
D'un trésor en commun firent la découverte.
En profitèrent-ils? l'histoire dit que non;
Ils ne sont pas les seuls dont l'or ait fait la perte.

A quoi sert un trésor sans Bacchus et Cérès?
Ces hommes eurent faim; à la ville prochaine
L'un des trois du repas va chercher les apprêts.
Pour ces gens-ci, dit-il, la mort seroit certaine

Si je voulois. Alors les dieux savent combien
De l'un et l'autre lot j'augmenterois le mien!
Et je laisse échapper une pareille aubaine!
  On peut juger qu'il n'en fit rien.
Quiconque pense au crime est près de s'y résoudre ;
Sur un plat du festin il mit certaine poudre
Qui devoit envoyer nos trouveurs de trésors
  Finir leur banquet chez les morts.

Pendant qu'en son esprit il supputoit la somme,
Le couple de là bas lui brassoit même tour,
Et le même destin l'attendoit au retour.
  Il vient, on l'embrasse, on l'assomme;
L'endroit qui cachoit l'or tient le forfait caché.
  En place on enterre notre homme ;
On divisa sa part avant d'avoir touché
  Aux mets apportés par le traître :
Mais l'effet du poison ne tarda pas beaucoup;
La mort fit cette fois trois conquêtes d'un coup,
  Et le trésor resta sans maître.

LE
COURRIER DE POTEMKIN.

IMITÉ

DE L'ALLEMAND.

Il est un peuple vain, curieux, téméraire,
Qui sait le moindre point dans le moindre traité,
    Décide la paix et la guerre,
Et s'occupe de tout par pure oisiveté.
Un courrier part, mes gens le suivent à la piste,
Mieux que le cabinet ils jugent son emploi.
Aux princes du Levant on va donner la loi,
Ou bien de ceux du Nord on va grossir la liste.
Nous verrons dans huit jours un peu de changement.
Je le tiens de quelqu'un qui sait l'événement,

Et qui dans ses calculs se trompe rarement.
Le peuple que je dis, c'est la gent nouvelliste.

On conte là-dessus : Un noble aventurier
Qui fit trembler vingt rois, qui soumit une reine,
Et qui fut courtisan, philosophe et guerrier,
(Talents que mon esprit n'accorde pas sans peine),
  Potemkin avoit un courrier.
Monsieur Baver trottoit du couchant à l'aurore,
Hémistiche commun, mais commode et sonore,
  Qui vient ici fort à mon gré;
Monsieur Baver partoit. Qu'a-t-on conjecturé?
  Un royaume dans le Bosphore,
  L'empire grec régénéré,
Les îles, la Tauride, et puis, que sais-je encore !
La vérité du fait (mais pourquoi la cacher ?)
C'est que monsieur Baver étoit allé chercher
  Des fourrures en Laponie,
  De la boutargue en Albanie,
De l'huile de baleine au fond du Groenland,

Des liqueurs à Zara, des castrats à Milan,
    Des figues à Céphalonie.
Choyé des postillons, des marchands et des rois,
Baver alloit roulant au temple de mémoire,
Quand une ornière, hélas ! mit un terme à sa gloire,
Et l'arrêta tout court pour la première fois :
Ce grand homme d'état finit ses jours en route.
Que sa mort à l'Europe ait rendu le repos
    Comme elle le fit aux chevaux,
    Plus d'un rêveur le crut sans doute.
Dès qu'il ne courut plus on le tint trépassé.
    Un itinéraire, tracé
Par une main habile, orna son cénotaphe,
Où l'on peut lire encor cette courte épitaphe :

    Ci-gît Baver sous ce rocher.
        Fouette, Cocher.

LES
FURIES ET LES GRACES.

IMITÉ DE L'ALLEMAND
DE LICHTWER.

Les hommes de tout temps ont eu certain travers
Qui m'étonne, et pourtant j'en soupçonne la cause.
  Un sexe régit l'univers.
On l'adore, on le craint, on l'obsède, on en glose.
  On en a dit du mal en prose,
  On en a dit du mal en vers.
On en dira toujours sans troubler son empire,
Les discours n'y font rien. Il a tout pour séduire,
Les touchantes vertus, les grâces, la beauté,
Et ce je ne sais quoi qu'on ne sauroit décrire,

Talisman qui de l'homme a vaincu la fierté ;
    Nous nous en vengeons par médire.

C'est peut-être l'objet d'un récit fort ancien
Que ma muse en ces vers assujettit sans peine
Aux lois de la mesure : est-il mal, est-il bien ?
Mérite-t-il l'aveu des belles ou leur haine ?
On en décidera, mais il faut qu'on s'en prenne
A son premier auteur. Je n'y mets rien du mien.

L'Olympe un beau matin s'avisa de réforme.
    Je le souffrirois aux mortels,
S'ils savoient mieux s'y prendre. Un édit bien en forme
De maint dieu roturier supprima les autels.
L'irrévocable arrêt des puissances suprêmes
Brouilla tout. On bannit de la céleste cour
Les trois filles d'Enfer, et ces autres sœurs blêmes
Qui filent nos destins au ténébreux séjour.
On fit plus, on bannit les Grâces elles-mêmes.
C'étoit punir les dieux, c'étoit bannir l'amour.

Quel tort étoit le leur? c'est pour moi lettres closes.
Les Grâces n'en ont point, si je suis consulté.
Mais que l'on s'en rapporte à la malignité,
Elle y verra ceci, cela, mille autres choses.
Tout le mal sera dit, tout le bien contesté.
Je crois me rappeler pourtant qu'en leurs manières
Les censeurs reprenoient certain air éventé
Qu'on trouvoit malséant à la divinité;
Les grandeurs, selon eux, doivent être un peu fières.
Plus de grâces, partant, car plus de liberté;
La privauté me plaît mieux qu'on ne sauroit dire.
C'est peut-être un défaut; mais ne l'a pas qui veut,
Et de tous nos défauts la grimace est le pire;
Il faut, pour être bien, être soi si l'on peut.

Vénus eut du regret de voir Paphos déserte;
Mais un point y mêloit quelque soulagement:
Mercure étoit chargé de réparer sa perte;
A de nouveaux objets sa cour seroit ouverte:
Elle est femme, et c'étoit au moins du changement.

« Va, dit-elle, il me faut des Grâces ! »
Le dieu lui répondit : « A quoi bon en chercher ?
« Un sourire, un regard, les fixe sur vos traces,
« Et celles qu'on poursuit sont près de se cacher ! »

« Savant fils de Maïa, je connois ce mystère,
« Reprit-elle : autrement en décident les dieux.
« Les Grâces qu'on demande auront un œil austère,
« Une parole grave, un maintien sérieux,
« Une vertu sans tache, et pas d'amants heureux.
« Faites d'une autre sorte, elles me plairoient mieux.
« Ce n'est pas mon avis, mais celui de mon père.
« Vole. » Il vole et revient. Avec rapidité
De pareils messagers franchissent tout l'espace.
  Plus lentement brille et s'efface
  L'éclair. D'un visage attristé
  Il rend compte de son message.
« J'ai rencontré, dit-il, un trio rare et sage,
« Tel que vous et les dieux vous l'avez souhaité,
« Bien fier, bien ombrageux, bien rude, bien sauvage,

« Parfait enfin, au gré de votre majesté :
« Mais, frappé des mêmes disgrâces,
« Pluton à d'autres dieux devoit des successeurs.
« Pour remplacer là bas Tisiphone et ses sœurs,
« Il venoit de choisir nos Grâces ! »

BABOUK

ou

L'HOMME HEUREUX.

IMITÉ DE L'ARABE.

On dit, car d'après moi c'est rarement que j'ose
Mettre en scène les gens ; riche de doux loisirs,
De quelque vieil auteur je rhabille la prose,
    Et ce travail fait mes plaisirs ;
    Ma gloire, c'est une autre chose.
    On dit, pour revenir au fait,
Qu'un roi de Perse un jour fut atteint d'humeur noire.
— Un roi ! vous vous moquez ! se peut-il ? — En effet,
Je ne le croirois point, s'il n'étoit dans l'histoire.

Le sort envers les rois est rempli de douceurs.
Un proverbe le dit : la preuve est assez forte.
Envers ce roi de Perse il agit d'autre sorte.
Il envoya chez lui la tristesse, les pleurs,
Des soucis dévorants la fâcheuse cohorte,
Une autre plus fâcheuse encore, à mon avis,
Celle des médecins. C'étoit fait du monarque,
  Si leurs conseils étoient suivis.
Plus sage, il n'en fit rien, et déjoua la Parque;
Mais il ne guérit point. Alors un vieux dervis
Habitoit ses états. Seul, retiré du monde,
De la nature même il surprit les secrets,
Tant qu'il eût de la mort réformé les décrets.
On le disoit du moins. Sa piété profonde,
Sa vertu, son savoir, firent bruit à la cour.
Pour la première fois on y désire un sage.
Le conte est du vieux temps. A la clarté du jour
On rend, bon gré mal gré, mon dévot personnage,
Et du palais des rois il aborde le seuil.
Il entre; il voit le prince accablé de souffrance,

Pâle, défait, sans voix, et touchant au cercueil.
  Son mal laissoit peu d'espérance.
Il le connut d'abord. C'étoit la volupté,
La grandeur, le pouvoir, la fortune et le reste :
Mal réel toutefois, infirmité funeste,
Plus à craindre aux mortels que n'est la pauvreté;
Douloureuse langueur, morne satiété,
  Qui des faux heureux de la terre
  Mine secrètement les jours.
Le front humilié, le sage solitaire
  Mûrit quelque temps son discours.
Il cherchoit un biais pour cacher le mystère :
Aux grands la vérité parvient peu sans détours.
« Seigneur, dit-il enfin, à prolonger le cours
« De vos destins sacrés, j'emploirois ma science
« Avec peu de succès. J'ai quelque expérience
« De la machine humaine et des nombreux ressorts
  « Qui soutiennent notre existence.
  « Je guéris les peines du corps,
« Mais celles de l'esprit sont hors de ma puissance :

« Pour y remédier, il n'est que la constance ;
« A moins que, sur la foi d'un bruit accrédité,
« On n'accueille un secret bizarre, inusité,
« Dont on maintient pourtant que la preuve est acquise.
« D'un homme heureux en tout, que ce point soit noté,
« Il comprend paix du cœur, et douce liberté,
« Et la santé, sans qui nul plaisir ne se prise,
« Il faut pendant un jour revêtir la chemise.
« Le moyen vous étonne, et je m'en suis douté ;
« Mais il coûtera peu, s'il devient inutile.
« Tout prospère et fleurit sous un roi généreux.
« Dans vos riches états, la nature fertile
« Des peuples enchantés surpasse tous les vœux.
« Il n'est pas malaisé d'y trouver un heureux.
« Pour un seul, votre règne en enfanteroit mille.
« Cherchez. » Le roi surpris, qui n'entend plus sa voix,
Regarde ; mais déjà le vieil anachorète
Regagnoit à pas lents sa tranquille retraite.
Content de retrouver ses rochers et ses bois,
Il livre en paix son ame à leur douceur secrète,

Et croit encor les voir pour la première fois.

Son discours agité dans le conseil du prince,
On conclut de trouver, dans un délai marqué,
    L'homme qu'il avoit indiqué.
Ce fut en vain. La cour, la ville, la province,
Les champs mêmes, les champs ne le possédoient pas.
Vingt messagers divers y perdirent leurs pas.
Les riches se plaignoient des soins de la fortune,
Les lettrés, des soucis qui suivent le savoir,
    Les grands, de la foule importune
De ces valets dorés qu'attire le pouvoir,
Que le faste éblouit, que le malheur rebute,
Qui, prompts à caresser et prompts à décevoir,
De l'idole du jour n'attendent que la chute,
Pour outrager l'autel qu'ils avoient encensé,
Et vendre à d'autres dieux leur culte intéressé;
L'agriculteur, des vents dont les chaudes haleines
Dévoroient ses jardins, ses vergers et ses plaines;
Le rentier, d'un édit qui rognoit ses quartiers;

Le marchand, de l'aspect des trompeuses étoiles
A qui, d'un fol espoir, il confia ses voiles :
Gens de tous les pays et de tous les métiers
S'accordoient en ce point de se plaindre sans cesse.
Des frondeurs obstinés la hargneuse tristesse
Brochoit sur tout. Les lois, la nature, les dieux,
Rien ne peut agréer à ce peuple envieux;
Il s'en verroit encor quelqu'un de cette espèce
Dans la Perse. Chez nous on juge beaucoup mieux.

Enfin le jour prescrit termina l'ambassade.
On étoit convenu d'un endroit à l'écart
Où se réuniroient tous ceux qu'un bon hasard
Destinoit au salut de l'auguste malade.
Les courriers vinrent seuls : on connoît leur succès.
L'endroit, par aventure, étoit de libre accès :
C'étoit un de ces lieux voués à la folie,
Où, dans les flots brillants d'un aimable poison,
Le peuple vient noyer ses maux et sa raison;
Doucement oublieux des peines de la vie,

Sans peur de l'avenir, sans regret du passé,
Heureux d'un beau moment dont le ciel le partage,
Il y goûte à longs traits un bonheur plus sensé
Que tout autre, et plus sûr, s'il duroit davantage :
Mais une heure, un instant voit son charme éclipsé.
  Ce bonheur n'est rien par lui-même,
  Et, le doux breuvage épuisé,
Il s'envole aussitôt d'une vitesse extrême.
Sans cela, je l'aurois volontiers proposé
  Pour résoudre notre problème.

Or, un manant survint; il s'assit auprès d'eux;
  Et, sans prendre garde à la troupe,
D'un vin nouveau, mais pur, il inonda sa coupe.
Sa coupe? Je m'abuse! il en dut remplir deux !
Ce n'est pas en nous seuls que notre ame est contente:
Est-il un bien parfait dont le désir vous tente,
L'amour et l'amitié s'introduisent parmi.
Quant à moi, je craindrois le don d'une couronne,
A moins d'associer quelque sincère ami

8.

A la pompe qui l'environne.
Plaisir non partagé n'est plaisir qu'à demi :
On le double quand on le donne.
Notre homme le savoit. D'un tendron, ses amours,
Sa main avec réserve effleuroit les atours ;
Il buvoit sans excès, il aimoit sans délire;
L'œil assuré, le front ouvert et radieux,
Il chantoit des refrains peu dignes de la lyre,
Mais du moins libres et joyeux;
Et puis il regardoit son verre et sa maîtresse,
Sa maîtresse et son verre; et, brillant d'allégresse,
« Grands dieux, s'écrioit-il, que Babouk est heureux ! »

Un des gens du palais, frappé de ce langage,
Prit Babouk à ce mot. « Eh quoi ! sans aucuns soins ? —
« Aucuns. — Et sans soucis ? — Pas un seul. — Sans besoins?
« — Le travail y pourvoit, et l'on a du courage. —
« Mais non pas sans désirs, du moins? — Pas davantage !
« De vos désirs jamais le but n'est arrêté;
« Ce n'est qu'erreur et vanité !

« Pourquoi de grands projets tourmenter sa pensée ?
  « Notre destin est le plus fort.
« A-t-on vu de son livre une ligne effacée ?
« Réforma-t-on jamais les caprices du sort ?
« Encor si cet espoir dont ton ame est bercée
« Réalisoit un jour son rêve décevant !
« Mais tâche de saisir cette image insensée,
  « Tu n'embrasseras que du vent.
« Le plus chanceux de tous reste comme devant,
  « Quand l'illusion est passée.
« Je voudrois être beau, bien fait, noble, savant,
« De mille serviteurs je voudrois être maître....
« Et tu n'en as que vingt, et voilà ton regret !
« N'es-tu pas, mon ami, tout ce que tu dois être ?
« Et si tu ne l'étois, dis-moi qui le seroit.
« Je sais bien que pour moi, si j'avois à renaître,
« Et que le sort voulût me traiter autrement,
« Il m'en fâcheroit fort. Prenons que je devinsse
« Un bourgeois opulent, un grand seigneur, un prince.
  « Dans ce nouvel arrangement,

« Serois-je encor ce moi dont j'ai fait quelque étude,
« Cet être à qui me lie une longue habitude,
« Ce Babouk, en un mot, que j'aime tendrement?
« Non pas, me direz-vous. Restons donc qui nous sommes,
« Et voyons en pitié les sottises des hommes.

   « Tous les jours ne sont pas sereins :
« La nature a raison, car il faut de la pluie,
« Et pour nourrir la sève et pour enfler les grains
« De ce fruit dont Schiras exprime l'ambroisie.
« Je regretterois, moi, jusques à mes chagrins.
« Tenez, quelques chagrins font très-bien dans la vie. »
Ainsi parla Babouk. Son discours fut goûté.
On le conduit soudain devant sa majesté;
   On lui dit le cas sans remise;
De joyeux qu'il étoit, il devient consterné.
On ordonne, il refuse; on presse, il temporise.
Bref, il est mis à nu. Jugez de la surprise !
Cet homme sans désirs, ce mortel fortuné,
   Babouk n'avoit point de chemise.
Il est certains esprits qu'on ne peut contenter,

Quand la fin d'un récit laisse encore à conter.
Ils me demanderont si le temps dédommage
Ce prince dont Babouk fit échouer l'espoir :
On ne m'en a rien dit, mais je peux y pourvoir.
Le roi de sa raison apprit à faire usage,
  Par le fait qu'il venoit de voir.
Il se remit en tête et l'avis du vieux sage,
Et son sens véritable. Il jugea qu'il n'est rien
Qui puisse nous charmer hors de l'indépendance ;
Que jouir de soi-même est le souverain bien,
Et se point soucier, la suprême science.
  Il s'ennuya de la puissance,
Et brisa sans effort son superbe lien.
De l'état à son fils abandonnant les rênes,
Il courut au désert où finirent ses peines;
Il y coula long-temps des jours délicieux.
L'autre eut une chemise et devint soucieux.

L'auteur de mon récit dit autrement la chose.
Sur son vieux canevas j'ai brodé cette glose,

Qui convenoit à mon projet.

Le sens m'en a paru d'une justesse extrême,

Et c'est ce que d'abord je prise en un sujet.

Ce manant, par exemple, est bien l'homme que j'aime :

Sa raison me plaît mieux que tous les vains discours

Des philosophes de nos jours.

Elle est du moins sincère, ingénue et sans pompe.

C'est la simple nature en sa naïveté.

Cela vaut bien peut-être un jargon affecté,

Qui nous ennuie et qui nous trompe.

Et l'antiquité même auroit-elle mieux dit ?

Je conviens avec vous qu'elle a plus de crédit ;

Mais ne peut-on se passer d'elle ?

Suive Platon qui veut, Babouk est mon modèle.

Déjà la ressemblance est exacte en un point ;

Aujourd'hui toutefois je n'en parlerai point.

Maison d'arrêt du département de l'Aube,
juillet 1803 [*].

[*] On ne rapporte ici ces dates et ces localités, fort insignifiantes d'ailleurs, qu'autant qu'elles sont nécessaires pour expliquer certains traits de la composition, comme les deux vers qui terminent ce conte. A l'exception du *Bengali*, tout le reste a été écrit au village.

RETIREZ-VOUS DE MON SOLEIL.

J'ai long-temps fait la vaine étude
Des appâts que le monde offre à ses favoris.
J'ai vu que ces plaisirs dont nous sommes épris
  N'engendroient que sollicitude;
  Et de leur vague inquiétude,
Assez tôt, pour jouir, j'ai distrait mes esprits.
Le bonheur n'est qu'un nom hors de la solitude.

Que j'ai toujours chéri le murmure des eaux,
  Et la paix des grottes profondes!
Que j'aime à suivre au loin les détours des ruisseaux,
A marquer de mes pas les circuits inégaux,
Que tracent dans les champs leurs pentes vagabondes!
Quel spectacle enchanteur, et touchant et divers,

Que le tableau mouvant de ce vaste univers !
Et, lorsque le vieillard qui mesure l'année,
D'une aile infatigable amène le printemps,
Quel plaisir d'épier une belle journée !
Dieu m'a fait ces loisirs. Des mortels mécontents
N'en savent pas goûter l'ivresse fortunée :
Je les plains; pour eux seuls la nature est bornée.
Elle garde à mon cœur des biens de tous les temps.

Alors, parmi les bois épiant les insectes,
J'observe leurs travaux, leurs mœurs et leurs amours.
Chasseurs ingénieux, innocents architectes,
Hôtes légers des fleurs, créés pour les beaux jours,
J'admire cette main qui soigna vos atours;
    Avec quelle pompe elle étale,
Sur les brillants habits dont vous êtes parés,
Et la nacre polie, et la changeante opale,
Et des réseaux d'argent, et des disques dorés !
Quel lustre éblouissant, quelles beautés parfaites
    Elle fait briller à mes yeux

Dans ces panaches glorieux,
Dans ces éclatantes aigrettes
Qui couvrent vos fronts radieux !

Je vous quitte pourtant.... Horace ou La Fontaine,
Montaigne ou Platon à la main,
Égarant à plaisir ma démarche incertaine,
A travers le vallon je me fraye un chemin ;
Pour la centième fois heureux de les relire !
Et toi, curé bouffon, dont le malin délire
Fronda si plaisamment le pauvre genre humain ;
Toi qui sus de nos biens si sagement élire
Trois points : le nonchaloir, le rien faire et le vin !
Montre-moi ces riants caprices
Où tu vainquis Pétrone, Érasme et Lucien.
Mais que dis-je ? oubliant dans tes libres esquisses
Un charme sans lequel le reste ne m'est rien,
N'as-tu pas ignoré que pleurer est un bien ?
Yorick inspire au moins d'agréables alarmes,
Et jusque sous le rire il va chercher des larmes ;

Ton livre est plus piquant, mais je relis le sien.

Un bonheur plus parfait m'attend dans ma retraite.
Je ne le peindrai point. Ta volupté secrète,
Lien délicieux des parents, des époux,
Ne sauroit s'exprimer en termes assez doux.
Des travaux commencés j'entretiens la famille.
J'ai vu, tout en marchant, notre blé déjà mûr
Du moissonneur tardif appeler la faucille;
La cerise éclater d'un incarnat plus pur,
Ou le raisin croissant se colorer d'azur.
    Dans mes bras je presse ma fille :
Je souris à sa mère, assise à mon côté,
Et mon cœur tient à peine à sa félicité.

Qu'il fut sage une fois ce fou de Diogène,
Lorsque de Darius le superbe vainqueur,
Étalant à ses yeux la pompe souveraine,
Lui fit de la richesse entrevoir la douceur!
« Cherche sans te troubler ce que tu peux attendre

« De la puissance d'Alexandre, »
Dit celui-ci : « quels dons peuvent te rendre heureux ? »
Diogène hésitoit : « Réponds, forme des vœux, »
Continua le roi ; « d'un espoir chimérique
« Ne crains pas le fâcheux réveil !
« Tu seras exaucé, j'en jure le Granique. »
« — Eh bien ! répondit le cynique,
« Retire-toi de mon soleil ! »

Eh ! que faut-il de plus au sage ?
L'aspect de la nature avec la liberté,
C'est là son plus riche apanage.
Que si les immortels l'ont seulement doté
De quelque modeste héritage,
Où s'écoulent ses jours avec tranquillité,
Combien j'envîrois son partage !
J'en approche peut-être en ma simplicité,
Au savoir près... Mais quoi ! c'est un autre avantage.

DIOCLÉTIEN.

Je suis parleur, dit-on, mais qu'importe le temps?
Je tiens qu'en cet objet c'est la dernière clause,
Pourvu que le lecteur prenne goût à la chose.
  Et qui vous dit que je prétends
A conter avec art? Il n'en est rien, je cause!
Au métier que je fais, c'est tout ce que j'entends.
Ce n'est pas sans raison d'ailleurs que je m'étends
Sur le charme si doux d'une innocente vie;
J'en voudrois tellement travailler votre esprit
Que je parvinsse enfin à vous donner l'envie
De goûter ce bonheur que ma muse décrit.
Vous voyez qu'il n'est pas malaisé de l'atteindre.
Il ne faut que vouloir avec sincérité.

Peu semblable à ces biens dont rien ne peut éteindre
  La funeste cupidité,
Il comble notre cœur dès qu'il est souhaité.
La pompe des premiers éblouit, elle étonne;
L'autre n'a pas besoin de leur faste emprunté,
Il brille de candeur et de simplicité.
Le monde nous les vend; la nature le donne.
Un pénible retour dans leur maturité
  Les corrompt et les empoisonne.
Il conserve en tout temps la même pureté;
Et si l'homme, affranchi par un nouveau mystère
De l'exil passager qu'il subit sur la terre,
Voit un jour de son sort le cours illimité,
Ce bonheur est le lot de l'immortalité.

Un de ces demi-dieux que révère l'histoire
En préféra le charme au sceptre des Romains.
  Long-temps de l'éclat de sa gloire,
Il avoit étonné les timides humains.
Cependant les plaisirs de son enfance obscure

DIOCLÉTIEN.

Se retraçoient souvent à son cœur attendri ;
Du chaume paternel il regrettoit l'abri,
Et ces bois frais et doux, temples de la nature,
Dans lesquels son jeune âge avoit été nourri.
Souvent dans le secret il répandoit des larmes ;
Et Constance et Galère en répandoient aussi ;
Mais tribut du regret et non pas des alarmes,
Les siennes provenoient d'un plus tendre souci.
Un jour, entre leurs mains remettant la couronne :
« Adieu, s'écria-t-il, je retourne à Salone,
« Je vais goûter des champs le repos fortuné.
« Jouissez, ô Césars, du bien que j'abandonne :
« Il ne vaut pas celui que les dieux m'ont donné ! »

Rome bientôt après voulut un nouveau maître.
Il n'est pas malaisé de trouver qui veut l'être.
Toutefois à Salone on députa vers lui.
« Le peuple, lui dit-on, réclame votre appui.
« Venez au Capitole, et gouvernez le monde,
« Le monde impatient de reprendre vos fers ! —

« Ah ! vous n'avez pas vu ces bosquets toujours verts,
« Répondit-il... ces champs que ma sueur féconde,
« Ces bois que mille oiseaux charment de leurs concerts !
« Ce sont les seuls trésors auxquels mon cœur aspire.
« De Rome en leur faveur j'ai délaissé l'empire,
« Et ce modeste enclos est pour moi l'univers. »

O vous à qui je dois des déités meilleures,
  Fraîcheur obscure des forêts,
  Source glacée, abris discrets,
Délices qui du pauvre enchantez les demeures,
Et qui du riche même apaisez les regrets,
  Pour soulager l'ennui des heures
Est-il un talisman qui vaille vos secrets ?
O médiocrité bienfaisante et dorée,
Et toi, lente paresse où s'endorment nos sens,
Et toi, sommeil flatteur, cher aux cœurs innocents,
Ne me refusez pas votre faveur sacrée !
Ne me retirez pas ces trésors précieux
  Dont vous avez comblé ma vie,

Et ne redoutez point que jamais asservie
En d'autres temps, en d'autres lieux,
Aux plaisirs passagers dont l'erreur est suivie,
Elle outrage vos dons par un choix odieux.
Non, vous serez toujours et mes lois et mes dieux !

LE
FOU DU PIRÉE.

Loué soit Dieu! puisque, dans ma misère,
De tous les biens qu'il voulut m'enlever,
Il m'a laissé le bien que je préfère.
O mes amis! quel plaisir de rêver,
De se livrer au cours de ses pensées,
Par le hasard l'une à l'autre enlacées,
Non par dessein : le dessein y nuiroit.
L'heureux loisir qui délasse ma vie
Perd de son charme en perdant son secret;
Il est volage, irrégulier, distrait,
Le nonchaloir ajoute à son attrait,
Et sa douceur est dans sa fantaisie.

On se néglige, il semble qu'on s'oublie,
Et cependant on se possède mieux.
On doit alors à la bonté des dieux
Deux attributs de leur grandeur suprême ;
Car on existe, on est tout par soi-même,
Et l'on embrasse et les temps et les lieux.
En fait de biens chacun a son système,
Desquels le moindre a du prix à mon gré :
Si l'un pourtant doit être préféré,
Jouir est bon, mais c'est rêver que j'aime.

Un certain Grec avoit, dit-on, songé
Que tout vaisseau qui touchoit au Pirée
Lui devoit les trésors dont il étoit chargé.
L'espoir flatteur, l'illusion dorée,
Chaque matin le ramenoient au port ;
Calculant à part soi la future opulence
Qui devoit avant peu combler son coffre-fort,
Et du bien fantastique heureux en espérance,
Des moindres bâtiments il épioit l'abord.

LE FOU DU PIRÉE.

Un savant maladroit, vainqueur de sa chimère,
Lui rendit l'avantage équivoque, éphémère,
Qu'on appelle raison, et qui peut-être bien
  N'est qu'une autre espèce de songe.
Le riche dépouillé connut qu'il n'avoit rien,
  Et regretta son doux mensonge.
« Qu'a fait pour moi, dit-il, la main qui m'a guéri ?
« D'une faculté vaine elle me rend l'usage ;
« Mais combien j'aimois mieux le fortuné présage
« Que mes esprits troublés ont si long-temps nourri !
  « Je suis peut-être un peu plus sage,
  « Mais combien je suis appauvri ! »

  Ce mot me plaît par sa simplesse :
Je n'approuve pas moins le sens du raisonneur.
On parle tous les jours des palmes de l'honneur,
Des myrtes de l'amour, des dons de la richesse.
Eh ! que valent ces biens auprès de l'allégresse
Qui résulte souvent de la plus folle erreur,
D'un écart de l'esprit, d'un prestige du cœur ?

Le bonheur, à vrai dire, est toute la sagesse,
Et rêver est tout le bonheur.

LE
POÈTE ET LE MENDIANT.

Savoir se contenter sera toujours mon texte,
  J'y reviens au moindre prétexte.
J'ai dit que sans chemise on pouvoit être heureux,
J'en citois un exemple et j'en connoissois deux ;
Mais quand au lieu de deux j'en rapporterois mille,
  J'aurois encore à raconter.
Ce mot de Cynéas : Il faut se contenter,
  S'ils avoient daigné l'écouter,
Auroit sauvé Cyrus, Annibal, Paul Émile,
Et quelque autre héros que je n'ose citer :
Lockman va m'en fournir une nouvelle preuve.
  Si la matière n'est plus neuve,

Assez d'autres objets prendront place en mes vers.
Que l'on invente ou qu'on imite,
L'homme seul offre à l'homme un sujet sans limite ;
Son cœur, suivant le sage, est un autre univers.

Ce maître de la poésie,
Ce La Fontaine de l'Asie,
Cet écrivain naïf, et profond, et divers,
Il manquoit de souliers. La Fortune dorée
Visite rarement les diseurs de beaux mots :
Cette reine du monde a du goût pour les sots,
Et leur fait tous les jours une riche curée
D'or, de titres, d'honneurs. Elle plante un oison
Sur le plus haut point de sa roue,
Et laisse le génie à pieds nus dans la boue.
Ne me dira-t-on pas quelle en est la raison ?

Lockman entreprit ses voyages
Sans souliers : c'est le point. Il alloit à la fois
Écouter les leçons des sages

Et fréquenter la cour des rois.
On n'avoit pas encor distingué ces emplois.
« Je suis pauvre, dit-il, mais j'en ai l'habitude ;
 « Beaucoup de gens de bon maintien
« Ont le cœur plus que moi navré d'inquiétude ;
« Je vis, exempt de trouble et de sollicitude,
 « Heureux de deux goûts pour tout bien,
« Celui de la sagesse, et celui de l'étude.
« Des souliers cependant ne me nuiroient en rien,
« Car la marche est bien longue et le chemin bien rude. »
Peut-on blâmer Lockman? messieurs, qu'en pensez-vous?
 Il entre un peu de notre étoffe
 Dans le harnois d'un philosophe,
Et ces hommes divins sont hommes comme nous.
Je ne le blâme point pourvu qu'il se contente.
Au-devant de ses pas un temple se présente.
« C'est le cas, reprend-il, de demander aux dieux
 « Ce qui manque au bien que je goûte...
« Des souliers seulement! pour ce qui leur en coûte
« Ils ne trouveront pas Lockman ambitieux,

« Et plus commodément je poursuivrai ma route. »
Il n'étoit pas encor parvenu sous la voûte,
  Qu'un mendiant frappa ses yeux.
A la pitié publique exposé dans ces lieux,
Cet homme étoit sans pieds. Ce que l'histoire ajoute
  N'a pas besoin d'être conté.
  Lockman sentit qu'en cette affaire
  Il étoit assez bien traité ;
  Pouvoit-il sans témérité
  Chercher d'autres souhaits à faire
Lorsque tant d'avantage étoit de son côté !
  Il bénit la divinité,
Et reprit sans chagrin la route commencée.

De la part de l'autre homme, et j'en tombe d'accord,
La plainte de Lockman eût été plus sensée :
Cependant à la longue il auroit vu son tort
  En fixant ailleurs sa pensée.
Il étoit malheureux, mais l'étoit-il si fort ?
  Bien plus, croyez-vous que sans peine

Avec Lockman lui-même il eût changé de sort?
L'amour de soi régit toute la race humaine.
On s'aime encor bien mieux que l'on ne craint la mort;
Je m'en tiens là-dessus à l'avis de Mécène.

Je vois dans ce récit deux points à remarquer :
Le premier, j'ai déjà pris soin de l'expliquer;
L'autre est-il moins frappant? Loin de Cumes avare,
Homère alla cacher sa détresse et ses vers.
Ovide fut jeté chez un peuple barbare,
Epictète et Cervante ont vécu dans les fers.
Du Tasse et de Milton qui n'a su les revers?
Et vous, jeunes talents que l'on voyoit éclore
    De tant d'espérance entourés,
Malfilatre, Gilbert, si près de votre aurore,
    Quelle mort vous a dévorés!
Ah! vos malheurs jamais ne seront trop pleurés!

Et c'est là du talent l'utile renommée,
Le but des longs espoirs de l'orgueil décevant,

Le produit d'une vie éteinte et consumée
A cribler l'onde pure, à fixer la fumée,
    A poursuivre l'ombre et le vent!
    Et c'est pour le bruit éphémère
Qui doit suivre un vain nom dans des jours incertains,
C'est pour aller saisir chez des peuples lointains
    Cette puérile chimère,
Que vous livrez les ans filés par vos destins
Au travail, aux dégoûts, à la détresse amère,
Que vous bravez les sots, si forts sur la grammaire,
Et le noir libelliste aux poignards clandestins!

Si j'avois pu fixer Saturne qui s'envole,
Des trois fatales sœurs suspendre le ciseau,
Et renouer le cours de ma trame frivole
    Au fil de leur triple fuseau;
Si je connoissois l'art qu'apporta de Colchide
    La fière amante de Jason;
Si ces jours, vain trésor qu'épuise un âge avide,
Pouvoient se dépouiller comme les jours d'Éson;

Si la vieillesse lente, et pesante, et livide,
Retournoit, rajeunie, à la belle saison;
Ce seroit vainement que les rivaux d'Alcée,
    Brillants d'une fougue insensée,
Des parvis de l'éther iroient tenter le seuil ;
Et leur course de flamme à l'Olympe élancée
    Ne séduiroit plus mon orgueil !
Trop de serpents impurs, divine poésie,
Versent sur tes lauriers leurs venins odieux ,
Trop d'absinthe se mêle à la rose choisie
    Qui pleut de ton char radieux,
Et trop de fiel corrompt la céleste ambroisie
    Au banquet de tes demi-dieux.

L'INSCRIPTION.

Les dieux avec sagesse ont varié nos goûts.
Le bien qui me suffit ne peut suffire à tous ;
Et moi j'envîrois peu ce que le monde envie.
L'homme heureux est celui qui désire le moins,
Se satisfait sans peine, et d'inutiles soins
      Sait ne pas tourmenter sa vie.
L'espoir tient dans ses mains un prisme séduisant
Qui pare l'avenir aux dépens du présent.
L'avenir n'est jamais, et le présent s'envole ;
Profite des instants, sans qu'un appât frivole
Égare tes souhaits, follement entrainés
Au-delà des destins que le ciel t'a donnés.

L'INSCRIPTION.

Chez une peuplade idolâtre
Un voyageur anglois (ce peuple est songe-creux)
Découvrit à grands frais les débris d'un théâtre :
Il lut tout à l'entour, sur des marbres poudreux,
Certaine inscription profondément tracée
    Qui rend clairement ma pensée.
Voyez plus bas que vous, mortels, pour être heureux.
Elle étoit près du comble, exposée à la vue.
Le roi venoit après, puis les grands, les états,
    Et puis les moindres potentats,
Puis les gens du commun et la tourbe menue.
Faux ou vrai, cet exemple est assez bien trouvé,
    C'est la naïve allégorie
De ce monde, bizarre et vaste comédie,
Où chacun tient un rang plus ou moins élevé.
    Je n'y vois qu'un trait à redire,
    C'est que le sens qu'on en retire,
Pour les gens du parquet me semble un peu fâcheux.
    Que voyoient-ils au-dessous d'eux ?...
Passe encor d'occuper l'avant-dernier étage ;

Mais le dernier de tous est le plus fréquenté.
    La nature fut bien plus sage;
    Déguisant avec soin cette inégalité,
    Elle en laissa le tort à la société.
Il n'est point dans son sein d'état si favorable
Qui vers un autre état ne tende ses penchants.
Il n'est point dans son sein d'état si déplorable
Qui n'en puisse au-delà voir de plus misérable.

J'en excepterois un : c'est celui des méchants.

UN MOT DE CÉSAR.

César a dit un jour qu'il aimeroit mieux être
Le premier d'un hameau que le second chez lui.
  Il avoit le goût d'être maître;
Bon pour César; mais moi j'en aurois craint l'ennui.
Mon hameau ne s'étend que cent pas à la ronde,
Et cependant combien j'y vois sur moi de monde!
Le curé, le docteur, le notaire, l'agent,
Quiconque a du pouvoir, du crédit, de l'argent;
Toutefois, pour le rang qu'envioit ce grand homme,
  Je ne donnerois pas le mien :
Plus heureux d'être ici le dernier citoyen
  Que d'être le premier à Rome.

C'est le secret du sage, et j'y suis parvenu,
 Chose qu'on aura peine à croire.
Ils ne comprennent pas, ces amants de la gloire,
 Le bonheur de vivre inconnu,
De passer dans ses jours sans laisser de mémoire,
Sinon un doux penser dans un cœur ingénu
 Qui n'en dira rien à l'histoire,
Et de partir après comme l'on est venu.

Faut-il, pour enchanter le gîte solitaire
Où des pâles mortels aboutissent les pas,
 Faut-il pour goûter le trépas
Y traîner des grandeurs le faste héréditaire?
Encor si tant de soins augmentoient le repos,
Et si dans un linceul on dormoit plus dispos,
Quand on a d'un long bruit importuné la terre,
 J'y souscrirois; mais sur les os
 Des potentats et des héros,
Son poids est-il moins lourd, moins glacé, moins austère?
Faut-il qu'un orateur, courtisan d'un vain deuil,

UN MOT DE CÉSAR.

De fleurs de rhétorique émaille mon cercueil?
D'un regret assidu j'aime mieux le mystère
Que tout cet appareil du luxe et de l'orgueil.
L'ombre et l'oubli, voilà ma dernière patrie.
Et que me fait à moi la voix du lendemain?
Donnez-moi seulement au fond de la prairie
Un réduit bien caché qu'abrite un vieux jasmin,
Protecteur du silence et de la rêverie,
Qu'arrose un clair ruisseau dans sa pente fleurie,
Et dont quelques amis connoissent le chemin.

L'AMBRE.

Un grain d'ambre exhaloit de suaves odeurs.
Il tomba par hasard aux mains d'un solitaire :
« D'où proviennent, dit-il, ces parfums séducteurs ?
 « Je ne voyois qu'un peu de terre ! »
L'ambre lui répondit : « Je suis un peu de terre,
« Mais j'ai touché souvent et le miel et les fleurs. »

Mon père, Las-Casas d'un âge de misère,
Et qui d'une autre époque eût été le Platon,
Chantrans, qui réunit Aristote et Newton,
Pichegru, du Jura l'immortel Bélisaire,
Droz, notre Tullius, aimèrent mes essais.
La Harpe me comptoit au rang de ses élèves.

Genlis de mon orgueil encourageoit les rêves.
Je fus aimé de Weiss; c'est mon plus doux succès.
Entraîné vers mon cœur, le cœur de Millevoie
Lui répondit un jour en palpitant de joie.
Oudet, dans notre exil, à ce cœur transporté
Parloit de la patrie et de la liberté.
Volney me soutenoit dans la pénible voie
    Où je cherchois la vérité.
En un siècle nouveau débris d'un siècle antique,
Les entretiens de Foy me rendoient le portique.
Arnault ouvroit les bras à mon adversité.
Debry, trop mal connu, mais que plaindra l'histoire,
Jetoit sur mes malheurs le manteau du prétoire.
Étienne m'inspiroit de ses tendres leçons;
Rouget me confioit ses hymnes de victoire,
Lormian ses beaux vers, Désaugiers ses chansons;
Ballanche, Dusillet, Roujoux, Gleizes, Dorange,
Rivaux que j'aurois craints, maîtres que j'ai chéris,
D'une tendre amitié m'accordèrent l'échange.
Châteaubriand lui-même accueillit mes écrits

L'AMBRE,

D'un regard d'indulgence et d'un trait de louange.
Mes efforts ne sont rien, et j'en obtins ce prix !

Muse, de tant d'éclat ne soyez pas trop fière !
Je suis cet ambre, objet d'une faveur du ciel,
Que les vents ont jeté, fugitive poussière,
  Auprès de la rose et du miel.

Dôle, 1807.

LE BENGALI.

C'est à vous, ma chaumière, à qui je veux parler;
Le vers n'est pas exact quoiqu'il soit d'un grand maître,
Mais il est assez bon pour l'asile champêtre
Où j'ai vu de mes jours les plus doux s'écouler.
De ces raffinements dont on fait étalage,
Au sommet du Jura l'on est peu soucieux.
Notre esprit moins brillant, mais plus judicieux,
Sait ce qu'il faut savoir pour se plaire au village :
Notre goût sans culture est pur comme nos cieux.
Je ne les verrai plus; de la patrie absente
Je ne goûterai plus l'air suave et léger,
Du zéphir matinal la fraîcheur caressante,
Des fleurs de mon jardin le parfum passager.

> Séduit par l'espoir mensonger,
> Je traine dans l'exil une chaine pesante
> Au milieu d'un monde étranger
> J'ai quelque temps encore à respirer la vie :
> Je la sens qui s'échappe, et ne puis la saisir.
> Chaque jour, trop rapide au gré de mon envie,
> Ne renaissoit pour moi qu'escorté d'un désir,
> Et maintenant chaque heure ou donnée ou ravie
> Éclot sans espérance ou finit sans plaisir.
> J'ai porté vainement ma vague inquiétude
> Au-delà des monts et des mers;
> Rempli du seul objet de ma sollicitude,
> Et poursuivi partout de regrets plus amers,
> Je pleure dans les cours ma chère solitude ;
> Je l'aurois pleurée aux déserts.

> Qui me rendra l'aspect des plantes familières,
> Mes antiques forêts aux coupoles altières,
> Des bouquets du printemps mon parterre épaissi,
> Le houx aux lances meurtrières,

L'ancolie au front obscurci
  Qui se penche sur les bruyères,
Le jonc qui des étangs protége les lisières,
Et la pâle anémone et l'éclatant souci,
L'orme géant des bois que la foudre a noirci,
Le sapin, le mélèze, ombres hospitalières,
Érèbe que le jour n'a jamais éclairci,
  Et de franges irrégulières
L'humble toit décoré par les bras des vieux lierres?
Les arbres que j'aimois ne croissent point ici.

O riant Quintigny, vallon rempli de grâces,
Temple de mes amours, trône de mon printemps,
Séjour que l'espérance offroit à mes vieux ans;
Tes sentiers mal frayés ont-ils gardé mes traces?
  Le hasard a-t-il respecté
Ce bocage si frais que mes mains ont planté,
Mon tapis de pervenche, et la sombre avenue
Où je plaignois Werther que j'aurois imité;...
Et les secrets abords de la cime âpre et nue,

Où mon cœur, pénétré d'une ardeur inconnue,
    Respiroit avec liberté,
Tandis que sous mes pas, comme un lac argenté,
A son rivage altier venoit mourir la nue?

    De l'enfance innocent trésor,
Un jeune bengali qui voloit mal encor
Par les filles d'un roi fut surpris dans la mousse.
Des oiseaux de Vénus la prison est moins douce.
Dans son vaste réseau la cage aux mailles d'or
Devoit non captiver, mais borner son essor,
Et de liane en fleurs une épaisse tenture
En déguisoit aux yeux la frêle architecture.
De plumes où brilloient les couleurs de l'iris,
Du blanc duvet d'un cygne à la voix renommée,
Et de molles toisons sa couche étoit formée.
Près de lui murmuroit, sous des gazons fleuris,
Une eau toujours limpide et pourtant embaumée;
Avec un doux regard mêlé d'un doux souris,
Dans l'auge de vermeil sa graine étoit semée

Par de jeunes beautés dont la grâce animée
  Égalait celle des houris.
L'une d'elles, un jour : « Quelle tristesse amère
« T'empêche de payer mon amour et mes soins ?
« D'un sénevé plus fin puis-je combler ton aire ?
« Vois que cette onde est pure, et dis-moi tes besoins. »
  L'oiseau répondit : « Et ma mère ? »

Léopoldsruhe, 1811.

L'ÉLU ET LE DAMNÉ.

Un patient mouroit sur la croix du supplice
Quand un vieux solitaire, égaré dans ce lieu,
S'arrêta par hasard au champ du sacrifice
Pour y reprendre haleine et pour y prier Dieu.

C'étoit un jour d'orage, un de ces jours funèbres
Où le front du soleil, pâlissant, incertain,
Ne soulève un instant les langes du matin
    Que pour se voiler de ténèbres.

Le saint, impatient de son lit de roseaux,
Prioit. Le ciel sourit. Éclaircie en réseaux,

La nue au loin chassa les ténèbres errantes,
Et son tissu mobile, aux mailles transparentes,
Brilla de feux pareils à ceux que les ruisseaux
En losanges dorés balancent sur les eaux.

« Eh quoi ! dit le mourant, pas même un peu de pluie !
Ce fléau du Seigneur, il ne l'a pas donné
Pour apaiser la soif, pour soutenir la vie
    De son enfant abandonné !
L'orage me sauvoit ! une goute ravie
    A ce torrent qui sort des cieux
Me rendoit de la mort l'accès délicieux.
J'aurois prié !... j'ai soif... C'est la mort que j'envie...
Mais de l'eau... mais de l'eau...—D'où vient donc cette voix ?
Dit le vieux cénobite. — Elle vient de la croix.
—Quoi ! c'est toi, malheureux, dont la main sacrilége
Dépouilla de trésors nos moûtiers révérés !
C'est toi qui violas le divin privilége
Et du saint tabernacle, et des lieux consacrés !
Oh ! que jamais, grand Dieu ! l'onde qui désaltère

L'ÉLU ET LE DAMNÉ.

Ne puisse du maudit assoupir le tourment !
Que jamais un breuvage et frais et salutaire
N'éteigne dans ses flancs le feu du châtiment !
Tu demandes de l'eau ! que le feu te dévore !
Qu'il renaisse demain ! qu'il renaisse toujours !
Et que l'éternité renouvelle tes jours
Pour souffrir, pour mourir, et pour brûler encore !
    Péris souffrant et détesté !
Et périsse avec toi ta mémoire éphémère,
Et périssent ton fils et ta postérité,
Et jusques au salut des flancs qui t'ont porté !

—Grâce, dit le brigand, pour mon fils, pour ma mère !...
Je subis tout le reste, et je l'ai mérité. »

  Le ciel avoit repris sa foudre et ses tempêtes.
On entendit alors deux soupirs exhalés.
Deux mortels expiroient au Seigneur rappelés.
    L'ange qui planoit sur leurs têtes,
Du seul Juge infaillible envoyé solennel,

Enleva le bandit au paradis des fêtes,
Et plongea le vieux saint dans le gouffre éternel.

Éternel! éternel! pour le méchant lui-même
La menace éternelle est un outrage à Dieu!
    Dieu n'est ni d'un temps ni d'un lieu :
    Il est immense, il est suprême.
Ce que vous n'aimez pas, peut-être que Dieu l'aime.

O douce Charité, grâce des nouveaux temps,
Sœur de la Foi qui croit, soumise et prosternée,
Sœur de cette Espérance aux vœux purs et constants
Qui fixe dans le ciel sa sûre destinée,
Puisse-tu triompher et bientôt et long-temps,
Vive émanation de la bonté céleste,
Et de tous nos discords emporter ce qui reste!
Laisse-nous la Candeur, laisse-nous l'Amitié.
Des malheurs qu'a légués à la terre attristée
    La fille du faux Prométhée
Notre Justice humaine a fourni la moitié.

Quand verra-t-on les Mœurs reines d'un peuple austère,
Les vautours déserter l'échafaud solitaire,
Et la Loi désarmée embrasser la Pitié!

O douce Charité, comble-nous de tes grâces!...
    O Providence d'ici-bas,
      Est-il un mal que tu n'effaces?
Les méchants, s'il en est, sont ceux qui n'aiment pas.

ÉPILOGUE.

Ainsi, dans le désert où j'ai caché mes jours,
A jamais oublié des hommes que j'oublie,
Des instants fugitifs je remplissois le cours
Par l'innocent travers d'une douce folie.
Je rimois sans projet et non sans volupté.
Ce travail charme tout, jusqu'à l'oisiveté.
Heureux quand, d'un seul jet, la mesure élancée
A son rhythme élégant a soumis ma pensée;
Quand de ses pieds nombreux mes sentiments pressés
S'enchaînent clairement sans blesser l'harmonie !
Ai-je besoin d'ailleurs de l'espoir du génie ?
Ces vers, ces foibles vers sont sitôt effacés !

ÉPILOGUE.

A peine mon esprit les livre à ma mémoire
　　Qu'elle dédaigne d'en jouir.
C'est tout pour mes plaisirs, ce n'est rien pour ma gloire ;
　　Ma muse n'a point d'avenir.

LIVRE TROISIÈME.

—◆—

MÉLANGES.

ÉLÉGIE 1.

Non, non, je n'irai pas, je ne te verrai pas,
Je n'irai pas offrir ma honte et ma tristesse
Aux regards méprisants d'une indigne maîtresse!
Mais je veux retrouver la trace de tes pas...
Je veux revoir l'espace où plongea ta pensée,
La ligne aux longs détours que ton char a tracée;
Deviner les aspects que tes yeux ont cherchés,
Et les sentiers de fleurs que tes pieds ont touchés;
Suivre l'oiseau rapide ou la nue incertaine
Qui peut t'apercevoir dans sa course lointaine;
Demander quels rameaux de ces jeunes forêts
Ont versé sur ton front plus d'ombrage et de frais,
Et quel zéphir flatteur, d'une aile caressante,

Ouvroit sur ton chemin leur clairière naissante ;
Sur quel lit de gazon ton corps s'est reposé ;
Quel est l'endroit heureux que ton souffle a baisé,
Dont ton sein palpitant a pressé la pelouse ;
Et quelle jeune nymphe, inquiète, jalouse,
En voyant ton image apparue en ses eaux,
Se retira confuse au milieu des roseaux.
Je veux vivre dans l'air qu'a respiré ta bouche,
Je veux toucher le vent et le jour qui te touche ;
Pour la dernière fois je veux tromper mon cœur,
L'enivrer d'espérance, hélas ! et de mensonges !
Caresser, sans y croire, un prestige vainqueur,
Ne me rien rappeler, rien, excepté mes songes !

Et puis—tout est fini, jusqu'à ton souvenir !
Ton nom ne vivra plus. Jamais la renommée
Ne dira qu'on t'aimoit, et que l'on t'a nommée.
J'ai perdu le présent : tu perdras l'avenir.

ÉLÉGIE II.

« Tu ne me verras plus ! c'en est fait pour jamais ! »
C'est toi qui l'oses dire, et pourtant tu m'aimois !
Jamais des cheveux noirs dont ton front s'environne
Tes doigts n'éclairciront la mobile couronne ;
Et dans ce doux signal, inconnu des jaloux,
N'écriront à mes yeux l'heure du rendez-vous !
Sur un regard de feu ta paupière abaissée
Ne me jettera plus ta dernière pensée ;
Et ta main frémissante effleurera ma main,
Sans que ta main me dise : « Ami, c'est pour demain !...
Je ne te verrai plus de l'étroite croisée
Où j'égarois l'espoir de ma vue abusée,
Quand, parmi cent détours, quelque voile flottant

ÉLÉGIE II.

Te promettoit de loin à mon cœur palpitant!...
Et l'oreille attentive, et l'ame suspendue
A ta marche cent fois retrouvée et perdue,
Je n'accuserai plus quelque bruit passager
De m'avoir averti d'un bonheur mensonger!
De ce bonheur, hélas! ta visite furtive
Ne me rendra jamais l'ivresse fugitive!
Je n'entendrai jamais tressaillir sous tes pas
Les degrés qu'ils touchoient et qu'ils ne pressoient pas;
Frissonner le satin de ta robe agitée,
Ton écharpe gémir par le vent emportée,
Ou trembler ton haleine, ou soupirer ta voix,
Ou le verrou plaintif apaisé sous tes doigts.
Tu ne reviendras plus !.....

      Tu reviendras encore.
Un jour, un beau matin, quand l'éclat de l'aurore
Blanchit de tes volets la mobile prison,
De l'alcove rêveuse argente la cloison,

ÉLÉGIE II.

Court en réseaux tremblants, ou jaillit et s'élance,
De notre humble réduit regrettant le silence,
Tu diras : « Il est jour, et peut-être il m'attend. »
Et moi je le saurai, car notre cœur s'entend.
Marchant à pas muets, timide, embarrassée,
Tu franchiras enfin la porte délaissée.....
Oui, c'est toi ! c'est bien toi ! mais quel soudain affront
D'un nuage de pourpre enflammera ton front,
A l'aspect des longs plis qu'au modeste patère
Suspend un doux tissu, témoin d'un doux mystère !
N'oppose pas ton bras à mon bras caressant :
J'ai, moi seul, arboré ce trophée innocent...
Regarde ! de ton schall il occupe la place ;
Ses nœuds imitent ceux que ta main entrelace,
Et la laine d'Asie aux riantes couleurs
Y sema, comme au tien, des palmes et des fleurs.
Quand des feux du matin ma paupière éclairée
Cherchoit l'espoir flatteur qui charma la soirée,
Cette vue au bonheur venoit me ranimer !

ÉLÉGIE II.

J'oubliois un moment que l'on cesse d'aimer,
Et je trompois ainsi ma tendresse inquiète!
Va, ne sois pas jalouse... et ne sois plus coquette!

ÉLÉGIE III.

A peine de mes ans s'achevoit le matin,
« Si j'avois à choisir un bienfait du destin, »
Disois-je, tant dès-lors d'une atteinte importune
S'armoit contre mon cœur l'instinct de l'infortune,
« Je voudrois mourir jeune, et laisser des regrets
« Qui ne font pas mourir; et quelques doux secrets
« Dans une ame naïve, et tant soit peu fidèle,
« Qui se rappelleroit que je fus aimé d'elle. »

Heureux qui de ses jours n'a poussé que la fleur,
Qui s'est épanoui sans trouble et sans douleur,
Modeste rejeton de quelque tige aimée,
Livrant, sans le savoir, à l'aile parfumée

ÉLÉGIE III.

D'un zéphir tiède et pur, un tribut gracieux
Qui, comme un chaste encens, s'exhale vers les cieux.
Quand d'un léger fardeau cette fleur reposée
Se relève, c'étoit celui de la rosée
Dont la perle tremblante au cristal frémissant
Vient l'embellir encore en la rafraîchissant :
Si de beaux étrangers épris de ses merveilles
Accourent, ce seront d'innocentes abeilles
Qu'attire un doux butin recueilli sans blesser,
Ou des papillons bleus fiers de la caresser.
Tombée avant le temps sous la grêle jalouse,
Elle va, tournoyant, émailler la pelouse ;
Elle rit, et, du sein des gazons renaissants,
Appelle encor les yeux et la main des passants :
Ou bien quelque fillette à la vue éveillée
La découvre bien fraîche au haut de la feuillée ;
Élancée, attentive, et le bras étendu,
Elle ravit d'un bond son trésor suspendu,
Le regarde, le ceint d'un voile de fougère,
Et le regarde encor, et, dix fois plus légère,

ÉLÉGIE III.

Le rapporte en courant à sa mère, au hameau;
D'une feuille malade émonde le rameau,
Puis l'essaie au miroir; puis d'une onde épurée
Prodigue le secours à sa sève altérée.
Le soir, la fleur n'est plus; mais c'est peu de mourir,
Car vivre c'est vieillir, et vieillir c'est souffrir.
Et puis, qu'eût-elle fait? vieillir, souffrir et vivre!
Et livrée aux autans, aux aiguillons du givre,
Au vent de feu du ciel; sous un buisson tout nu,
Nouer un fruit amer qui mûrit inconnu!

. . . .

Vivre long-temps! Vieillir!—Lâche et hideuse envie!
Effrayer les vivants de l'aspect de la vie!
D'un regard sérieux attrister les banquets;
Jeter de froids pavots au milieu des bouquets;
Suivre d'un pas douteux la vive théorie
Qui fuit et qui s'enlace, et qui tourne, et qui crie,
Et qui danse, et la belle au regard curieux
Qui se tourne, penchée, et dit : ah! qu'il est vieux!...
Sous des cheveux menteurs, d'une vaine imposture

Décevoir les regards sans tromper la nature,
Et tout blanc, tout cassé, pressé d'un long sommeil,
Disputer aux enfants une place au soleil! —
Dieu m'épargne ces maux!...

—Cet oiseau de mystère,
Dans les plaines du ciel si long-temps solitaire,
N'attendit pas la fin de ses jours épuisés.
Sur son lit d'aloès et d'encens embrasés,
Livrant aux éléments sa robe triomphale,
Son collier où jouoient l'améthyste et l'opale,
Et ses ailes de pourpre, et ses aigrettes d'or,...
Il sembla ne mourir que pour revivre encor.

LE PRINTEMPS.

La jeune saison, parée
   De mille couleurs,
Revient, souriant aux fleurs
Dont la terre est diaprée.
Mes amis, allons au bois
   Encore une fois.

L'anémone si mobile,
Frêle tribut du printemps,
Courbe sa tige débile
Sous ses pétales flottants;
La primevère avec joie
Brise ses langes dorés;

La violette déploie
Sa robe aux pans azurés.

La jeune saison, parée
   De mille couleurs,
Revient, souriant aux fleurs
Dont la terre est diaprée.
Mes amis, allons au bois
   Encore une fois.

Voici la noble pensée
Avec ses trois écussons;
Voici l'épine élancée
Qui blanchit sur les buissons;
La véronique étoilée
Aux yeux bleus et languissants,
Et la pervenche étalée
Sur les gazons renaissants.

La jeune saison, parée

De mille couleurs
Revient, souriant aux fleurs
Dont la terre est diaprée.
Mes amis, allons au bois
Encore une fois.

Le fraisier brode sur l'herbe
Des festons de fleurs d'émail,
Lui, qu'on verra, plus superbe,
Chargé de fruits de corail;
La gentille paquerette
S'égaie aux feux du matin,
Et, comme une collerette,
Ouvre ses plis de satin.

La jeune saison parée
De mille couleurs,
Revient, souriant aux fleurs
Dont la terre est diaprée.
Mes amis, allons au bois
Encore une fois.

Le thym né sur la colline
Répand ses dons parfumés ;
Le narcisse qui s'incline
Se mire aux ruisseaux aimés;
Le muguet sous les fougères
Courbe son front assoupi,
Et le bluet des bergères
Va grandir près de l'épi.

La jeune saison, parée
  De mille couleurs,
Revient, souriant aux fleurs
Dont la terre est diaprée.
Mes amis, allons au bois
  Encore une fois.

Dans les ombres taciturnes
D'un sentier sombre et voûté,
La mousse arbore ses urnes
Sur un tapis velouté;

Et la liane balance,
En embrassant le bosquet,
Ses feuilles en fer de lance
Et ses coupes en bouquet.

La jeune saison, parée
    De mille couleurs,
Revient, souriant aux fleurs
Dont la terre est diaprée.
Mes amis, allons au bois
    Encore une fois.

L'alouette réjouie
Salue en chantant les cieux,
Et, sans en être éblouie,
Perce leur dais gracieux,
Puis retombe joliette,
Comme le fuseau roulant
Qu'abandonne une fillette
En rêvant à son galant.

LE PRINTEMPS.

La jeune saison, parée
De mille couleurs,
Revient, souriant aux fleurs
Dont la terre est diaprée.
Mes amis, allons au bois
Encore une fois.

La fauvette se réveille
Dans les bosquets reverdis,
Et l'hirondelle surveille
Ses vieux palais arrondis.
Plus haut, voisin de la nue,
Se lamente le ramier,
Perché sur la branche nue,
Comme l'oiseau d'un cimier.

La jeune saison, parée
De mille couleurs,
Revient, souriant aux fleurs
Dont la terre est diaprée.

LE PRINTEMPS.

Mes amis, allons au bois
 Encore une fois.

La fourmi laborieuse
Défile en escadrons noirs ;
Et l'abeille industrieuse
Rebâtit ses doux manoirs.
L'escarbot d'or étincelle
En courant dans les sillons ;
Une lave en feu ruisselle
Sur l'aile des papillons.

La jeune saison, parée
 De mille couleurs,
Revient, souriant aux fleurs
Dont la terre est diaprée.
Mes amis, allons au bois
 Encore une fois.

Amis, revenez encore,

LE PRINTEMPS.

Par un beau matin vermeil,
Dans ces bois que Mai décore,
Cacher mon dernier sommeil.
Placez-moi, je vous en prie,
Sous quelques riants abris,
Où ma longue rêverie
Se voile d'arbres fleuris.

La jeune saison, parée
   De mille couleurs,
Revient, souriant aux fleurs
Dont la terre est diaprée.
Mes amis, allons au bois
   Encore une fois.

LE
RETOUR AU VILLAGE.

Je vais revoir mon village,
Les lieux que j'ai tant chéris,
Et la montagne sauvage,
Et les églantiers fleuris :
    Douce trève
    Qu'un long rêve
    Qui s'achève
Laisse encore à mes esprits.

Je verrai la croix qui penche
Au front des rochers alpins,

Et les tapis de pervenche,
Et les halliers d'aubépins,
  Et la mousse,
  Qui repousse,
  Molle et douce,
A l'abri des noirs sapins.

Je reverrai la bruyère
Qui s'incline en gémissant,
Je reverrai la clairière
Où le ruisseau va glissant,
  Et son onde
  Vagabonde,
  Qui féconde
Le pacage verdissant.

Voici la vieille ramée
Où, dans ses riches habits,
La luciole enflammée
Tombe en nuages subits,

Quand son aile
La décèle,
Et recèle
Les feux de mille rubis.

Mais je ne verrai plus Lise,
Après un joyeux banquet,
Essayer devant l'église
Le jeu de son œil coquet,
Et surprise,
Par méprise,
A la brise
Abandonner son bouquet.

Mais je ne verrai plus Flore,
Qui chantoit tous les matins;
Mais je ne verrai plus Laure,
Boudeuse aux regards mutins :
Clémentine,
Augustine,

Et Justine,
Joli trio de lutins.

Le soleil, toujours le même,
Parcourt des chemins tracés;
Et de son beau diadême
Nuls traits ne sont effacés.
    Ce qui passe
    Et s'efface,
    C'est la trace
Des plaisirs qui sont passés.

SOUVENIRS.

Rendez-nous, rendez-nous,
Esprits jaloux,
Nos vœux et nos goûts,
Nos plaisirs si purs et nos jeux si doux!
Qu'en faites-vous?

Où sont de ma marraine
Les leçons,
De ma cousine Irène
Les chansons,
Mon lapin de garenne,
Mes pinsons?

Rendez-nous, rendez-nous,
Esprits jaloux,
Nos vœux et nos goûts,
Nos plaisirs si purs et nos jeux si doux !
Qu'en faites-vous ?

Ma raquette dorée,
mon volant,
Mon cerf à l'empirée
S'envolant,
Ma toupie égarée
En sifflant.

Rendez-nous, rendez-nous,
Esprits jaloux,
Nos vœux et nos goûts,
Nos plaisirs si purs et nos jeux si doux !
Qu'en faites-vous ?

Rendez-moi de l'étude

Les attraits,
La sombre solitude
Des forêts,
Ma vague inquiétude,
Mes secrets.

Rendez-nous, rendez-nous,
Esprits jaloux,
Nos vœux et nos goûts,
Nos plaisirs si purs et nos jeux si doux !
Qu'en faites-vous ?

Rendez-moi les vacances
Au hameau,
Et les joyeuses danses
Sous l'ormeau,
Et les vieilles cadences
De Rameau.

Rendez-nous, rendez-nous,

Esprits jaloux,

Nos vœux et nos goûts,

Nos plaisirs si purs et nos jeux si doux!

Qu'en faites-vous?

La place étoit remplie

Comme un œuf,

L'estrade étoit polie

Tout à neuf,

Et Claire étoit jolie...

En l'an neuf.

Rendez-nous, rendez-nous,

Esprits jaloux,

Nos vœux et nos goûts,

Nos plaisirs si purs et nos jeux si doux!

Qu'en faites-vous?

Rêves d'amour, de gloire,

D'amitié!

Rendez-moi leur mémoire,
Par pitié !
Je tâcherai d'en croire
La moitié.

Rendez-nous, rendez-nous,
Esprits jaloux,
Nos vœux et nos goûts,
Nos plaisirs si purs et nos jeux si doux !
Qu'en faites-vous ?

LES SOUHAITS.

PRIÈRE AU BON ANGE.

Bon ange, donnez-moi de grâce,
(Pour vos pareils ce n'est qu'un jeu)
Le bonheur qu'on rêvoit en classe,
On étoit heureux de si peu !
Mais les férules du collége,
Et ses discours si compassés,
Et le savoir par privilége !
Ah ! mon bon ange, c'est assez !
    C'est assez.

Bon ange, donnez-moi l'ivresse
Qu'on goûte aux premières amours.

i

LES SOUHAITS.

PRIÈRE AU BON ANGE.

Bon ange, donnez-moi de grâce,
(Pour vos pareils ce n'est qu'un jeu)
Le bonheur qu'on rêvoit en classe,
On étoit heureux de si peu !
Mais les férules du collége,
Et ses discours si compassés,
Et le savoir par privilége !
Ah ! mon bon ange, c'est assez !
      C'est assez.

Bon ange, donnez-moi l'ivresse
Qu'on goûte aux premières amours.

Donnez-moi le feu, la jeunesse,
Qui se réveilloient tous les jours.
Mais éloignez bien la coquette
Qui combla mes vœux insensés :
Je sais ce que vaut sa conquête.
Ah ! mon bon ange, c'est assez !
    C'est assez.

Bon ange, d'une vie aisée
Prolongeant lentement le cours,
A ma vieillesse reposée
Accordez quelques heureux jours.
Mais sauvez-moi de la fortune
Et de ses amants empressés....
Ils viendroient, si j'en avois une !
Ah ! mon bon ange, c'est assez !
    C'est assez.

Bon ange, à mon hiver rapide
Réservez quelques doux loisirs.

LES SOUHAITS.

Qu'il coule comme une eau limpide,
En réfléchissant des plaisirs.
Dès demain j'en aurai de reste
Au gré de mes vœux émoussés.
Rosine, Amélie et Céleste....
Ah! mon bon ange, c'est assez!
    C'est assez.

Laissez, bon ange, à ma pensée
Entrevoir mes petits-enfants.
Que je puisse jusqu'au lycée
Escorter leurs pas triomphants!
Mais s'il falloit un jour revivre,
Recommencer les jours passés....
Ah! dispensez-moi de vous suivre!
Non, mon bon ange, c'est assez!
    C'est assez.

LA MORT.

Qui frappe ?... on y va... c'est elle !...
Mais on frappe encor plus fort....
Et de grâce ! au moins la belle,
Dis-moi comment l'on t'appelle ?...
Est-ce Annette ? — C'est la Mort.—

Viens donc ! mais venir si vite,
C'est de quoi nous rebuter,
Crois-en l'ami qui t'invite.
Je plains le cœur qui t'évite.
Le mien vouloit le goûter.

A mon chevet inclinée,
Couvre-nous de ce rideau;
Sur ta face un peu fanée,

LA MORT.

Ange de ma destinée,
Laisse tomber ton bandeau.

Dans ton étreinte suprême
Que tes bras sont froids et lourds !
Que ton front sévère est blême !
Cependant il faut qu'on t'aime,
Épouse des derniers jours !

Mais sur ta couche livide
De quels biens m'as-tu doté ?
Pourrai-je à mon œil avide
Des profonds déserts du vide
Entr'ouvrir l'immensité ?

Et viendrai-je, ame ingénue
Qu'emporte un rayon vermeil,
Ou me bercer dans la nue,
Ou m'asseoir, pensive et nue,
Sur les débris d'un soleil ?

LA MORT.

As-tu de gais coryphées
Suivis de chœurs gracieux ?
As-tu de brillants trophées
Que les esprits et les fées
Escortent jusques aux cieux ?

As-tu des danses naïves ?
As-tu d'aimables concerts,
Et des nymphes fugitives
Qui se dérobent craintives
Derrière les saules verts ?

Me rendras-tu dans ton ombre
Tous mes fantômes chéris,
Et recevras-tu sans nombre
Dans les jeux de ta nuit sombre
Mes Péris et mes Houris ?

Laisse-moi revoir Annette,
L'ornement de nos vallons,

Qui revient, preste et jeunette,
Abaissant sous sa cornette
Sa paupière et ses cils blonds!

LE SOMMEIL.

Depuis que je vieillis, et qu'une femme, un ange,
Souffre sans s'émouvoir que je baise son front ;
Depuis que ces doux mots que l'amour seul échange
Ne sont qu'un jeu pour elle et pour moi qu'un affront ;

Depuis qu'avec langueur j'assiste à la veillée
Qu'enchante son langage et son rire vermeil,
Et la rose de mai sur sa joue effeuillée,
Je n'aime plus la vie et j'aime le sommeil :

Le sommeil, ce menteur au consolant mystère
Qui déjoue à son gré les vains succès du temps,

Et sur les cheveux blancs du vieillard solitaire
Épand l'or du jeune âge et les fleurs du printemps.

Il vient; et, bondissant, la jeunesse animée
Reprend ses jeux badins, son essor étourdi;
Et je puise l'amour à sa coupe embaumée
Où roule en serpentant le myrte reverdi.

Comme un enchantement d'espérance et de joie,
Il vient, avec sa cour et ses chœurs gracieux,
Où, sous des réseaux d'or et des voiles de soie,
S'enchaînent des esprits inconnus dans les cieux;

Soit que dans un soleil où le jour n'a point d'ombre,
Il me promène errant sur un firmament bleu,
Soit qu'il marche, suivi de sylphides sans nombre
Qui jettent dans la nuit leurs aigrettes de feu :

L'une tombe en riant et danse dans la plaine,
Et l'autre dans l'azur parcourt un blanc sillon;

LE SOMMEIL.

L'une au zéphyr du soir emprunte son haleine,
A l'astre du berger l'autre vole un rayon.

C'est pour moi qu'elles vont; c'est moi seul qui les charme,
C'est moi qui les instruits à ne rien refuser.
Je n'ai jamais payé leurs rigueurs d'une larme,
Et leur lèvre jamais ne dénie un baiser,

Ah! s'il versoit long-temps, le prisme heureux des songes,
Sur mes yeux éblouis ses éclairs décevants!
S'il ne s'éteignoit pas, ce bonheur de mensonges,
Dans le néant des jours où souffrent les vivants!

Ou si la mort étoit ce que mon cœur envie,
Quelque sommeil bien long d'un long rêve charmé,
La nuit des jours passés, le songe de la vie!
Quel bonheur de mourir pour être encore aimé!...

LE BUISSON.

Vergiss mein nicht.

S'il est un buisson quelque part
Bordé de blancs fraisiers ou de noires brunelles,
Ou de l'*œil de la Vierge* aux riantes prunelles,
Dans le creux des fossés, à l'abri d'un rempart....

Ah! si son ombre printanière
Couvroit avec amour la pente d'un ruisseau,
D'un ruisseau qui bondit sans souci de son eau,
Et qui va réjouir l'espoir de la meunière...

Si la liane aux blancs cornets
Y rouloit en nœuds verts sur la branche embellie!

S'il protégeoit au loin le muguet, l'ancolie,
Dont les filles des champs couronnent leurs bonnets!..

 Si ce buisson, nid de l'abeille,
Attiroit quelque jour une vierge aux yeux doux,
Qui viendroit en dansant, et sans penser à nous,
De boutons demi-clos enrichir sa corbeille!...

 S'il étoit aimé des oiseaux;
S'il voyoit sautiller la mésange hardie;
S'il accueilloit parfois la linotte étourdie,
Echappée, en boitant, au piége des réseaux!

 S'il sourioit, depuis l'aurore,
A l'abord inconstant d'un léger papillon,
Tout bigarré d'azur, d'or et de vermillon,
Qui va, vole et revient, vole et revient encore!...

 Si, dans la brûlante saison,
D'une nuit sans lumière éclaircissant les voiles,

LE BUISSON.

Les vers-luisants venoient y semer leurs étoiles,
Qui de rayons d'argent blanchissent le gazon!...

  Si d'un couple naïf et tendre
Il devoit un beau soir surprendre les aveux,
Quand l'amant, de l'amante écartant les cheveux,
Lui dit tout bas un mot qu'elle brûloit d'entendre!...

  Si, long-temps, des feux du soleil
Il pouvoit garantir une fosse inconnue!
Enfants! dites-le moi! l'heure est si bien venue!
Il fait froid. Il est tard. Je souffre, et j'ai sommeil.

LE
CHANT DE LA NOURRICE[*].

Pour guerroyer à l'infidèle
Nos paladins s'étant armés,
Gaston quitta la jeune Iselle,
Dont ses yeux étoient si charmés.
Dormez, dormez.
Elle en pleura, la pauvre jouvencelle!
Dormez, Mary, dormez, ma belle;
Dormez, la petite, dormez.

[*] On n'auroit pas inséré dans ce recueil cette foible improvisation, si elle n'avoit eu le bonheur d'inspirer de la musique délicieuse à madame de Tercy, à M. Panseron, à M. Rouget Delille, et de figurer à ce titre sur quelques pianos.

Trois ans passés, point de nouvelle.
Pour Gaston que de vœux formés !
Seroit-ce qu'une mort cruelle
A tranché des jours tant aimés?
　　Dormez, dormez.
Elle en frémit, la pauvre jouvencelle !
　　Dormez, Mary, dormez, ma belle,
　　Dormez, la petite, dormez.

Enfin, au manoir qui la cèle,
Des bruits effrayants sont semés ;
« Le sable du désert recèle
« Les os des preux les plus famés. »
　　Dormez, dormez.
Elle en mourut, la pauvre jouvencelle !
　　Dormez, Mary, dormez, ma belle,
　　Dormez, la petite, dormez.

Gaston, de l'antique tourelle
A revu les toits enfumés.

« Rendez, rendez-moi mon Iselle,
« Murs jaloux qui la renfermez! »
Dormez, dormez.
Elle n'est plus, la pauvre jouvencelle!
Dormez, Mary, dormez, ma belle,
Dormez, la petite, dormez.

A minuit, au cercueil d'Iselle,
Des cris douloureux sont clamés;
C'étoit Gaston mourant près d'elle.
Ensemble ils furent inhumés.
Dormez, dormez.
Pleurez Gaston, pleurez la pauvre Iselle!
Dormez, Mary, dormez, ma belle,
Dormez, la petite, dormez.

RONDEAU REDOUBLÉ[*].

Ai-je passé le temps d'aimer?
LA FONTAINE.

THÈME.

Or et grandeur ne rendent point heureux.
Ce qui me plaît c'est un ami fidèle;
Ce que j'aimois, c'est l'aveu d'une belle;
Mais j'ai passé l'âge d'être amoureux.

[*] Pour se faire absoudre de cette bagatelle, il faut dire que tout en a été imposé, le sujet, la forme, les rimes, ce qui porte sa difficulté inutile au dernier degré de raffinement. Le mérite de la difficulté vaincue est le seul qu'on puisse chercher dans ces *riens* qui rappetissent la pensée en l'assujettissant à un retour périodique, indépendant de toute inspiration, et ce mérite est certainement le moindre mérite de la versification, même dans les versificateurs qui ne sont pas poètes. Le lecteur jugera probablement comme l'auteur qu'il falloit laisser cette pièce dans le recueil de province où l'avoit jetée un enfant *masqué en barbon*. Cette observation s'applique également aux deux pièces suivantes.

GLOSE.

Un vieux richard, miné par la gravelle,
Craint pour son bien mille échecs dangereux.
Un grand seigneur est toujours en cervelle,
Tant à la cour les écueils sont nombreux.
Or et grandeur ne rendent point heureux.

Dans un salon garni de brocatelle,
La foule suit des maîtres généreux.
Dans un grenier, sur sa couche mortelle,
L'amitié suit un ami malheureux.
Ce qui me plaît, c'est un ami fidèle.

Quand je coulois mes ans aventureux,
A peine atteints par le fils de Cybèle,
Je n'allois point aux pieds d'une rebelle
User ma vie en soupirs langoureux.
Ce que j'aimois, c'est l'aveu d'une belle.

RONDEAU REDOUBLÉ.

Il est trop tard, et le temps rigoureux
Emporte, hélas! mes ans à tire d'aile.
Le cœur navré d'un souci douloureux,
Je l'oublierois peut-être auprès d'Adèle.
Mais j'ai passé l'âge d'être amoureux.

ÉPITHÈME.

Si cependant de sa noire prunelle
Tombe jamais un regard moins boudeur,
Où quelque amour se mêle à la pudeur;
Je donnerois pour croire être aimé d'elle
Or et grandeur.

1799.

RONDEAU REDOUBLÉ.

Souffrir d'amour étoit mon lot suprême.
Dès mon printemps j'y suis accoutumé.
S'il est bien doux d'être aimé quand on aime,
Qu'il est cruel de n'être pas aimé!

Quand le bonheur est encore un problème,
D'un vain espoir je ne fus point charmé.
Je le sentois dans mon cœur alarmé!
Souffrir d'amour étoit mon lot suprême.

Je le sus mieux aussitôt que j'aimai!
Pour mieux aimer je n'étois plus moi-même.
C'est hors de soi que l'on vit quand on aime.
Dès mon printemps j'y suis accoutumé.

RONDEAU REDOUBLÉ.

Est-ce du sort un fatal anathème !
Tout trahissoit les vœux que je formai.
Je doute encor, par l'amour consumé,
S'il est bien doux d'être aimé quand on aime.

Ah ! pour le croire, aux genoux de Zulmé,
Quand elle flatte et qu'on diroit qu'elle aime,
Je donnerois et pourpre et diadème.
Qu'il est cruel de n'être pas aimé !

ENVOI.

Et cependant, si ses regards complices
Trompoient mon cœur quelque soir d'un beau jour,
La cour en vain m'ouvriroit son séjour,
En vain le ciel m'offriroit ses délices,
J'aimerois mieux dans d'éternels supplices
Souffrir d'amour.

SONNET

ÉCRIT SUR L'ALBUM DE M. ÉMILE DESCHAMPS.

Mon nom parmi leurs noms! y pouvez-vous songer!
Et vous ne craignez-pas que le public en glose!
C'est suspendre la nèfle aux bras de l'oranger,
C'est marier l'hysope aux boutons de la rose.

Il est vrai qu'autrefois j'ai cadencé ma prose
Et qu'aux règles des vers j'ai voulu la ranger;
Mais, sans génie, hélas! la rime est peu de chose,
Et d'un art décevant j'ai connu le danger.

Vous, cédez à la loi que le talent impose :
Unissez dans vos vers Soumet à Béranger,
Et l'esprit qui pétille à la raison qui cause;

SONNET.

Volez de fleur en fleur, comme dans un verger
L'abeille qui butine et jamais ne repose :
Ce n'est qu'en amitié qu'il ne faut pas changer.

IMPROMPTU CLASSIQUE.

Il faut à l'autel d'Apollon
Que chacun porte une chandelle.
L'autre jour, au sacré vallon,
Aristote l'échappa belle.
Des factieux avoient juré
Le triomphe du *Romantique*.
C'en étoit fait de Rome antique
Et du Parnasse de Chompré.
Adieu le bagage de Flore
Et le vermillon suranné
Dont ses fleurs ont enluminé
Les vieux doigts de la vieille Aurore.
Bientôt, sans pompe et sans renom,

Notre scène, en vain rajeunie,
Languissoit comme Iphigénie,
Orpheline d'Agamemnon.
Bacchus, délaissé des Ménades,
Ne redoutoit plus les Hyades;
Les ruisseaux étoient sans Naïades,
Les forêts étoient sans Dryades,
Les montagnes sans Oréades,
Et la rime au pompeux refrain
Ne forçoit plus les Euménides
A ressaisir les Danaïdes,
Les Atrides, les Aloïdes,
Et les éternels Pélopides
Au bout d'un vers alexandrin.
Tu triomphois, muse ennemie,
Lorsque la routine endormie
Soupire, bâille, étend les bras,
Et, ce que l'on ne croira pas,
S'éveille en pleine académie.
Du lourd encrier épuisé

IMPROMPTU CLASSIQUE.

Débordent, sous de lourdes plumes,
De lourds pamphlets, de lourds volumes :
Le *Romantique* est écrasé.
A nos règles Soumet fidèle
Ne se perdra plus dans les airs.
D'Aubignac est un bon modèle ;
Qu'il mette *Zénobie* en vers.
La Martine, avec modestie,
De Boufflers prendra le maintien.
Aux dieux d'Homère convertie,
Atala parlera païen.
Que la chaste Cymodocée
Aura bonne grâce en Léda,
Et la magique Velléda,
En Syrène de l'Odyssée !
Des Grecs, nos maîtres primitifs,
Conservons bien le protocole ;
Et vous, ô gardiens attentifs
Des leçons de la bonne école,
Cessez, cessez vos cris plaintifs,
Ils ont sauvé le Capitole.

ADIEUX
AUX ROMANTIQUES.

Je vous le dis d'un cœur contrit,
Adieu, messieurs les romantiques!
Vous avez du bon dans l'esprit,
J'en conviens, mais il est écrit :
« Ne hante pas les hérétiques. »
Un journal a très-bien prouvé,
Sans se piquer de paradoxe,
Que le talent est réprouvé.
Le rédacteur est orthodoxe,
Et nous le tenons pour sauvé.
J'aurois dû, la chose est exacte,

ADIEUX

En voyant vos succès divers,
Juger qu'avec l'esprit pervers
Vous aviez formé quelque pacte
Pour apprendre l'art des beaux vers.
Pourquoi, poëtes infidèles,
Pourquoi ces coupables accents
Qui séduisent l'ame et les sens?
Vous aviez de si bons modèles
Pour faire des vers innocents!
Réglez votre sage délire,
Prenez l'essor à pas comptés,
Et, puisqu'il vous faut une lyre,
Chantez les airs qu'on a chantés.
Chantez-nous Hélène ravie;
Chantez-nous Ilion brûlant;
Chantez-nous sur Laïus sanglant
La rage d'OEdipe assouvie;
Ou bien encor chantez Silvie:
C'est un passe-temps fort galant.
Et si quelquefois votre muse

Essayoit un nouveau sujet,
Vous avez le choix d'un objet
Qui nous transporte et nous amuse,
Entre la charte et le budjet.
Quand vous décrivez la nature,
Le cœur est surpris et touché;
Du charme de cette peinture
Vos censeurs n'ont pas approché,
Mais ils n'ont jamais trébuché
Dans le sentier de l'imposture;
Ils dégoûtent de la lecture,
De crainte d'en faire un péché.
Laissez, laissez pour le Permesse
Cédron et son triste ravin;
Laissez le mont de la Promesse
Et les bords du fleuve divin,
Et songez que tout écrivain
Qui parle, en françois, de la messe
Est le disciple de Calvin.
La palme dont Satan vous dote

Fait que de vous chacun médit,
Et j'ai lu dans un érudit
Que le roi prophète est maudit
Pour s'être passé d'Aristote.

FRAGMENT D'UNE ÉPITRE

A EMMANUEL JOBEZ,

SUR LES AVANTAGES

DE LA SOLITUDE POUR LE POÈTE.

Heureux qui, comme toi, respecté de l'envie,
Libre des soins fâcheux qui fatiguent la vie,
Et d'utiles travaux composant ses plaisirs,
Se livre sans contrainte à de sages loisirs!
A ses modestes vœux les muses favorables
Ne tressent que pour lui des couronnes durables;
Et, paisible à l'abri de son obscurité,
Il mûrit lentement pour la postérité.

Ainsi, dans ces climats où le Lapon barbare
Végète à la pâleur d'un crépuscule avare,
Ménageant à dessein ses dons les plus brillants,
Le soleil se refuse aux mortels suppliants;
Il a vu la moitié de ses douze demeures
Sans qu'une seule aurore ait varié les heures,
Et qu'un rayon tombé de son trône vermeil
Des peuples consolés ait surpris le réveil.
Mais il s'élance enfin dans ces plaines funèbres;
Des horizons confus il bannit les ténèbres;
Son char étincelant enflamme au loin les cieux;
Des torrents d'or fluide en baignent les essieux,
La nature renaît; et la terre étonnée
Comprend en souriant les grâces de l'année.
L'orient du génie a la même grandeur;
Et plus il a célé sa divine splendeur,
Plus ses feux triomphants ont percé de nuages,
Plus l'éclat qui l'entoure est cher à tous les âges.
Ce dieu qui languissoit, captif et rebuté,
Bientôt, éblouissant de gloire et de beauté,

Sur ses ailes de feu ravissant la pensée,
Laisse derrière lui la carrière effacée,
Et l'œil irrésolu qu'a trompé son essor
Dans l'espace franchi le suit long-temps encor.
Mais de ses chants fameux le temps dépositaire
Rendroit-il du talent l'avenir tributaire,
S'il alloit, trop fertile en précoces essais,
Dans quelques jours d'orgueil dissiper ses succès?...
Ce rapide coursier, qui dévore l'arène,
Pressent déjà le but où son ardeur l'entraîne ;
On ne le verra point, dans la lice égaré,
Dépenser au hasard un feu prématuré ;
Mais réglant son audace, et prudemment timide,
Il reviendra couvert des lauriers de l'Élide.

. . . .

FIN.

TABLE DES MATIÈRES.

Avertissement de l'éditeur. . . . . Page 1
Livre premier. Pièces lyriques.
Halte de nuit. 23
Chant funèbre. 27
Le Suicide et les Pélerins. 33
L'Aigle céleste. 37
L'Époux et l'Épouse. 39
    Romances.
    De la romance. 49
Le rendez-vous de la Trépassée. 53
La Blonde Isaure. 61
La Violette. 69

Odes. . . . . Page 73
NOTE SUR LA NAPOLÉONE. 75
La Napoléone. 77
Le Poète malheureux. 83
Hymne à la Vierge. 89
LIVRE SECOND. Contes en vers.
Le Trésor et les trois Hommes. 97
Le Courrier de Potemkin. 99
Les Furies et les Grâces. 103
Babouk. 109
Retirez-vous de mon soleil. 121
Dioclétien. 127
Le Fou du Pirée. 133
Le Poète et le Mendiant. 137
L'Inscription. 145
Un Mot de César. 149
L'Ambre. 153
Le Bengali. 157
L'Élu et le Damné. 163
Épilogue. 169
LIVRE TROISIÈME. Mélanges.
Élégie I. 173
Élégie II. 175
Élégie III. 179

Le Printemps. . . . . Page	183
Le Retour au Village.	191
Souvenirs.	195
Les Souhaits, prière au bon ange.	201
La Mort.	205
Le Sommeil.	209
Le Buisson. . :	213
Le Chant de la Nourrice.	217
Rondeau redoublé.	221
Rondeau redoublé.	225
Sonnet écrit sur l'*Album* de M. Émile Deschamps.	227
Impromptu classique.	229
Adieux aux Romantiques.	233
Fragment d'une épître à Emmanuel Jobez, sur les avantages de la solitude pour le poète. . .	237

FIN DE LA TABLE.

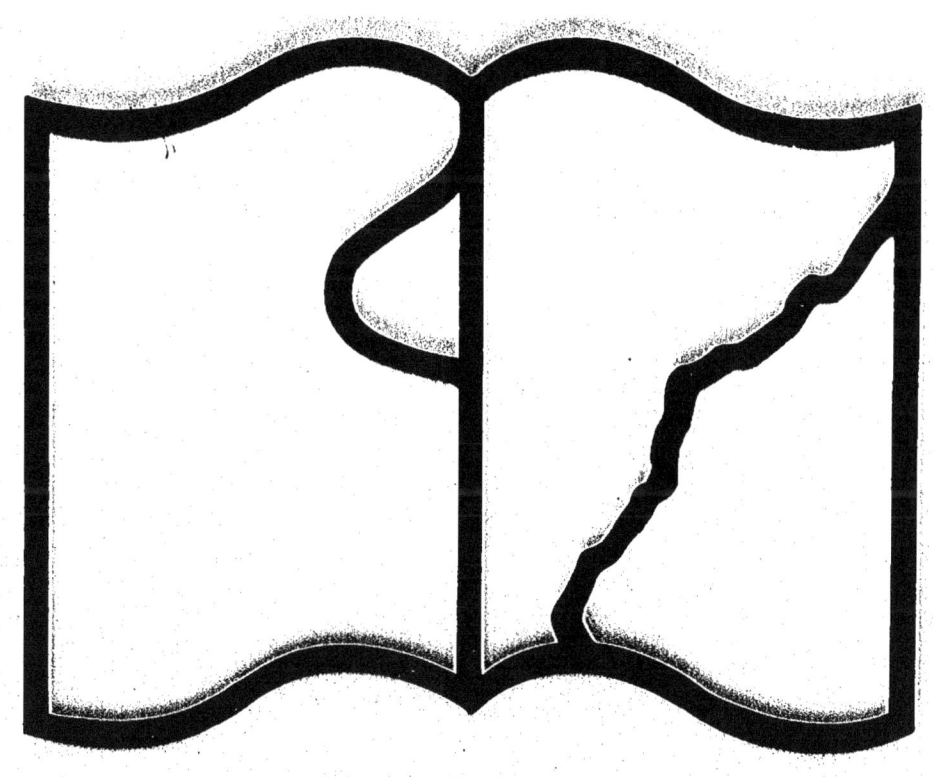

Texte détérioré — reliure défectueuse
NF Z 43-120-11

www.ingramcontent.com/pod-product-compliance
Lightning Source LLC
Chambersburg PA
CBHW070653170426
43200CB00010B/2219